CONVERSACIONES CON MARÍA CORTINA

CHAVELA VARGAS

ENTRE GARCÍA LORCA Y PEDRO PÁRAMO

Conversaciones con María Cortina
Chavela Vargas
Entre García Lorca y Pedro Páramo

La Pereza Ediciones

QUEREMOS AGRADECER
AL LECTOR
POR SUMERGIRSE EN LAS
PÁGINAS QUE SIGUEN
Y ENTRAR AL FASCINANTE
MUNDO CHAVELIANO.

Conversaciones con María Cortina
Chavela Vargas
Entre García Lorca y Pedro Páramo

© Chavela Vargas
© María Cortina
© Portada Leonel Sagahón
© Edición Katia Gutiérrez

De esta edición 2021, La Pereza Ediciones, USA
www.lapereza.net

ISBN: 978-16-23751-82-1

Diseño de los forros de la colección:
Estudio Sagahón / Leonel Sagahón
www.sagahon.com
Maquetación Julián Herrera

CONVERSACIONES CON MARÍA CORTINA

CHAVELA VARGAS

ENTRE GARCÍA LORCA Y PEDRO PÁRAMO

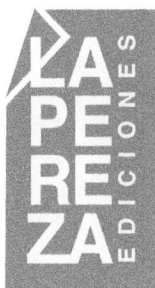

LA PEREZA EDICIONES

MUNDOSR▲ROS

ANTES DE CONVERSAR

Me voy a ir, pero aquí seguiré. Volveré y seguiré dictando las letras y palabras que se necesitan para escribir un poema. Verás una luz, un atardecer, alguna cosa excepcional verás y sabrás que soy yo. Vamos a seguir conversando sobre la verdad; sobre las verdades de Chavela, donde se juntan la tristeza y el dolor que he vivido, y la ternura también... todo el amor que he sentido por mis amigos, mi público, mis amores. Ve y dile a todos que no me iré.

Chavela Vargas
Las verdades de Chavela

Chavela Vargas no va a reencarnar, porque ya es la reencarnación de Chavela Vargas.

Pedro Almodóvar

Chavela Vargas reencarnó en Chavela Vargas, no en una ocasión, sino en tres. La primera fue cuando a los diecisiete años de edad tomó una decisión que habría de cambiar su destino: viajar desde Costa Rica a México en busca de una tal Chavela Vargas. A los setenta y dos años reencarnó por segunda vez, trás una ausencia de más de una década en la que se perdió en el infierno del alcohol e ingresó a las profundidades del cerro Tepozteco, en Ahuatepec. Su tercera reencarnación la anunció a los noventa y tres años, poco antes de que su corazón dejara de latir.

Chavela Vargas, la que aseguró no tener miedo a morir; la que planificó su muerte; la que le dijo mil veces a la calaca: "cuando usted quiera le tiendo la mano"; la que no se cansó de crear, aceptó con sabiduría que se iría, pero que al mismo tiempo seguiría por aquí. Minutos después de aquella confesión, me pidió que llevara a la habitación del hospital donde se encontraba internada, el medallón que los chamanes de la comunidad huichola le entregaron cuando la nombraron Gran Chamana. Lo tuvo puesto hasta el final.

Quienes todavía lloramos al escuchar su canto, quienes pensamos en ella cuando nos duele el alma, los que nos empeñamos en deshilvanar sus verdades, los que la invocamos cuando nos urge un trago de coraje, sabemos que desde el 5 de agosto de 2012 Chavela vive su tercera vida.

La conocí a los pocos años de su segunda reencarnación. Eran los tiempos en los que solía viajar cada verano a Madrid, donde yo me desempeñaba como agregada de prensa de la Embajada de México. Desde el primer día nos unió la pasión por la vida y obra de Federico García Lorca, el gusto por el tequila y los chapulines, la imperiosa necesidad de crear, reinventar y hasta de enloquecer con tal de no perder la libertad y sobre todo, la fascinación por la palabra.

Conversar en la Residencia de Estudiantes de Madrid, en su casa de Playa Zapote en Veracruz, en la de Tepoztlan, en los mercados, en los aviones, trenes, automóviles, restaurantes, plazas, se convirtió en una manía, o casi. Mi oficio de periodista y el profundo goce que me produce la escritura, me convirtieron en una fanática de las libretas. Así que siempre anotaba una, dos, quince de esas frases que en cada conversación salían disparadas de su boca como flechas luminosas.

La fuente principal de este libro está en esas libretas que son tantas que también nos ayudaron a ambas a escribir *Las verdades de Chavela* en 2009 y a mí en lo personal, a llenar de tanto en tanto alguna de las columnas semanales que mantuve en un periódico durante casi diez años. Hay aquí además, mucho de lo que sus amigos más entrañables han expresado sobre ella y por supuesto está lo que Chavela me ha dictado cuando, para seguir conversando, aparece en un atardecer, en una luz, en algo que de inmediato identifico como proveniente de un mundo raro. Tan raro como para ser una más de las verdades de Chavela-Chamana; Chavela-Lorquiana; Chavela-Mexicana —porque le dio la rechingada gana nacer en México, aunque en realidad naciera en Costa Rica—; Chavela-Esposa-de-Pedro-Almodóvar; Diosa de las sirenas caracolas. María Isabel Anita Carmen de Jesús Vargas Lizano, la niña de las culebras.

Las conversaciones con Chavela se prolongaron hasta el último trago de vida. El domingo 29 de julio de 2012 fue trasladada a un hospital en Cuernavaca. Unos minutos antes de las 13 horas del siguiente domingo, su corazón dejó de latir. Nunca salió de terapia intensiva del hospital, pero el médico que la atendió se hizo de la vista gorda y pudimos seguir conversando varias horas al día. Ella sonreía cada vez que me veía entrar, a pesar de la mascarilla de oxígeno, del suero, del catéter. A pesar de la figura de la señora muerte que rondó a sus anchas alrededor de su cama esos últimos días, como en Comala.

El sábado por la tarde Chavela intentó arrancarse la mascarilla que le proveía de oxígeno. Quiere decirme algo, le informé a la enfermera. Ya sin ella puesta me susurró al oído: "María, ay María, ay la muerte, la muerte, la muerte". La mañana del domingo no hubo conversación, ni una palabra, hasta que unos minutos antes de las 13 horas el médico volvió a quitarle la mascarilla y ella sacó fuerza de no se sabe dónde y exclamó: "Me voy con México en el corazón".

Chavela Vargas: entre García Lorca y Pedro Páramo pretende ser eso que ella llamaba "la memoria del futuro." Un dique contra el olvido, un homenaje, una enseñanza desde el amor y el desamor, desde el dolor y la luz de soledad labrada; un tributo, un grito que se interne en lo más hondo de las mujeres y de los hombres de todas las edades para que recuerden que todavía son capaces de sentir y enseñen a sus hijos, nietos, amigos, amantes, vecinos, la forma como se debe escuchar cada palabra del canto de Chavela. Una a una, hasta el final, cada palabra abraza un significado propio.

En estas páginas encontrarán poco de la última etapa de su primera reencarnación; apenas pinceladas de la Chavela agresiva, celosa, peleonera. La Chavela que continuamente estrellaba su automóvil en la principal avenida de la ciudad de México, la que firmaba un contrato para cantar en algún centro nocturno y a la semana le exigían la renuncia, porque llegaba tomada y con pistola al cinto; la Chavela que hería y que ella misma estaba, parafraseando a García Lorca, *herida de amor, huida, garganta rota y olvido*, aunque nunca dejó de ejercer el don de transmitir. En las entrevistas que concedió en los últimos años de su vida, siempre afloraron anécdotas de estos tiempos, pero en las libretas quedó apenas un esbozo de escritura. Nunca escuché esas otras voces que suelen habitar la palabra de Chavela cuando conversamos.

Una tarde de 1991 en Ahuatepec, despertó de la peor borrachera de su vida y retó al demonio. "Llévame contigo. Si no lo haces hoy, viviré muchos años más", le dijo, tendida sobre el suelo, al demonio del olvido. Fue entonces cuando reencarnó por segunda vez.

Chavela ha logrado cumplir la mayor parte de los proyectos que se propuso. A cinco años de su muerte, ya en su tercera reencarnación, consiguió llevar su música a los jóvenes a través de sus espléndidos músicos "Los macorinos" quienes grabaron dos discos con Natalia Lafourcade que entendió el deseo de Chavela, y recientemente con la musa griega Alexandra Gravas.

Cuando a sus noventa y tres años viajó a España a presentar *La luna grande*, el disco que dedicó a Federico García Lorca, estaba a punto de dar forma a uno de sus "últimos deseos", como llamó a siete de sus creativas ocurrencias. Se trataba de hacer una puesta en escena de "La llorona" para que todas las mujeres del mundo la sintieran muy cerca de ella. Así lo dijo. Para que se apropien de la voz de una mujer eterna. No explicó más.

La llorona es una mujer y muchas. Una leyenda prehispánica, otra urbana, una canción zapoteca que nació en la comunidad del istmo de Tehuantepec; un alma en pena que espanta a los hombres. *La llorona* de

Chavela Vargas es única, dicen los que conocen los misterios del canto. Pero ya no. Chavela la dejó en herencia a las mujeres del planeta y, aunque la señora muerte interrumpió su proyecto, *La llorona* últimamente resuena en las plazas y calles de un país y otro y otro, con más fuerza que cuando solo era leyenda. *La llorona*, el llanto de las mujeres que buscan a sus hijos e hijas desaparecidas. Una voz que gime el dolor de una niña que murió a patadas. O muchas mujeres que intentan, a gritos, recuperar su voz. *La llorona* somos todas las mujeres; es el deseo de tallar un alma nueva al mundo. Mujeres y hombres cansados de estar en perpetua agonía y que buscan volver a estar vivos, como dijo en una de sus conversaciones Chavela, vivos de tanto vivir, de tanto amar, de tanto gritar que estamos vivos.

A Chavela Vargas, a su muerte y a sus vidas, están destinadas estas conversaciones. Y a todos los que todavía lloran cuando canta Chavela.

María Cortina Icaza
Ciudad de México, primavera de 2021

ÁNGEL QUE NO VELA

Era muy bella tu Granada.
Yo la conozco.
Y no supe nada
de que tú estuviste
en mi baranda,
donde duerme el ángel
que no vela.
Sí, era muy bella tu Granada

Chavela Vargas
La Luna grande
Homenaje a Federico García Lorca

QUE MOJA SU COLA EN EL MAR

LA CIUDAD DE CHAVELA

Amo a la Ciudad de México. La amo desde el primer día en que llegué a ella, segura de que iba a encontrar lo que buscaba. Aquí estaba mi destino, mi fuerza, mi lucha, mi público. Aquí me encontraría conmigo misma, con Chavela Vargas.

Yo amo a esta ciudad, a su gente, sus colores, sus aromas, sus calles, su historia, su forma de pelear para levantar la cara. Por eso cuando a mis noventa años la ciudad me nombró Ciudadana Distinguida, sentí algo muy grande dentro de mí. Como un enorme abrazo de esta ciudad enorme. Un abrazo que no termina.

A los 90 años me emocioné, como si tuviera once o veinte, al escuchar cantar para mí, acompañados por mis maravillosos músicos Miguel Peña y Juan Carlos Allende, a Eugenia León, a Lila Downs, a Julieta Venegas, a Astrid Hadad, a Fernando del Castillo y a Mario Ávila.

Casi se abre mi piel al escuchar el chelo de Jimena Giménez Cacho con esa versión tan original de "La llorona" que Marcela Rodríguez escribió para mí. Me sentí feliz cuando el señor Marcelo Ebrard me entregó el diploma y la medalla.

Y cuando escuché a Carlos Monsiváis mi amigo tan querido, con quien he pasado experiencias maravillosas y no tanto, pero quien nunca me ha soltado de la mano, ni del desastre, ni de las caídas, hablar de la vida y sus locuras en este teatro que tanto amo, estallé de felicidad por dentro.

Patricia Reyes Spíndola estuvo maravillosa en la conducción del regalo de cumpleaños que tantos amigos me hicieron.

Muchos dedicaron su tiempo, su esfuerzo. Mi alma les da las gracias. Me llevaré este regalo al lugar donde iré cuando la señora muerte me tienda la mano. Ahí donde me esperan los amigos que se han ido antes que yo.

El sitio donde reina la música.

Teatro de la Ciudad Esperanza Iris, Abril de 2009

MÉXICO Y MADRID

Una de las Tapas del menú está cubierta en salsa de mole. Otra es de queso con mantequilla de cuitlacoche. Y otra más lleva patatas espolvoreadas de picante mejicano, con jota, como lo escriben los españoles. Nunca en los ocho años que viví en España vi en ningún restaurante que no fuera mexicano, un menú así. Menos en el barrio La Latina, donde conviven los más clásicos, como Casa Lucio y la Hostería de La Villa, con los locales modernos y cotizados como Juana la Loca.

Y es que una cosa es que los madrileños vayan de tanto en tanto a un restaurante mexicano y otra que comiencen a incorporar al menú ingredientes tan, pero tan mexicanos como el mole, el chile y el cuitlacoche. Ahora sí creo que les gusta de verdad nuestra cocina. Antes pensaba que a mis amigos les acabó gustando a fuerza de probar una y otra vez la comida que les ofrecía en mi casa. O que me lo decían nada más por complacerme. Pero no. Por algo me despidieron de Madrid con un pozole.

Alejandro Aura y Milagros invitaron a mis amigos a comer a su casa para que me fuera despidiendo de ellos, después de estar más de dos semanas por Madrid. Que quieren pozole, me dijeron. Que no lo habían vuelto a comer desde que me fui, hace ya más de un año. Y como yo le había traído de México a Alejandro el maíz pozolero, pues hicimos el pozole. Una olla enorme como para más de veinte que por poco se la terminan los quince que fueron.

Cuando los vi comer con tanto gusto, me dieron ganas de inventar alguna historia sobre el maíz y sus propiedades mágicas. Estuve a punto de decirles que el maíz pozolero se comía en los tiempos antiguos para remediar la falta de apetito sexual o que se los daban a las doncellas la noche antes de que fueran entregadas como sacrificio a los dioses, pero me di cuenta de que nadie me iba a hacer caso. Todo mundo estaba entregado completamente a la preparación de su pozole y solo les importaba saber cuánto orégano se le pone, cuánta lechuga, qué cantidad exacta de salsa, y si las tostadas se parten o se comen enteras, con frijoles o solas.

Cuando terminamos de comer volví a intentar contarles la historia inventada, pero alguien sacó la guitarra y todos se desataron la voz para cantar una docena de rancheras, comenzando con el repertorio de Chavela Vargas, que conocen tan bien o mejor que los mexicanos, quién sabe por qué razón. Cientos de veces les he preguntado cómo lograron tener esa colección enorme de rancheras o boleros, si muchos de ellos ni siquiera han ido a México, ni se escucha una sola de esas canciones por radio. Y se saben todas, las más antiguas, incluso. Las escuchaba mi madre, me dicen *algunos. Fue el franquismo que promovió ese tipo de música, dicen otros. El franquismo que en una ocasión censuró un concierto de Chavela Vargas y tachó de la lista a "La Macorina", por lo de ponme la mano aquí. Todavía hoy Chavela y sus amigos madrileños derraman carcajadas con la anécdota. Dicen que desde entonces "La Macorina" agarró buena fama en España. Y que los niños del franquismo jugaban a La Macorina y escuchaban a escondidas la canción.*

Las manos de Isabel y Tina parecían estar a punto de enredarse. Pero no se tocaban. La frente, el cabello, los brazos, parecían estar a punto de juntarse, pero no se tocaron. Es el arte del flamenco. Y después de las rancheras Toya Arechabala comenzó a tocar flamenco y estas dos que nunca aguantan más de tres segundos después de escuchar el toque de la guitarra flamenca para saltar a bailar. Como toras, se embestían, se lanzaban al asalto de un amor imaginario. Es la historia que cuentan los cuerpos cuando bailan flamenco.

Los cuerpos del deseo. Imposible escapar.

Escaparon algunos. Emiliano, que siempre se retira de los primeros, se quedó más de lo habitual, quizá gracias a la salsa de chile morita del pozole. O simplemente por haber sentido lo que también sentí yo entre rancheras y flamenco. El respiro intacto de la vida. Escaparon algunos, pero otros se quedaron y acabamos en los bares del barrio de Las Letras donde tan bien se está. Casi siempre. No tanto ese día que había huelga de recogedores de basura.

No es que no se pudiera respirar, pero francamente sí daba un poco de asco caminar entre botes de cerveza, refres-

cos, papas fritas, papeles de todo tipo, pañales desechables, bolsas de El Corte Inglés, envolturas de chicles y dulces, cajetillas de cigarros y cientos de colillas. Menos mal que los sindicatos llegaron ayer a un acuerdo con las empresas de limpieza del Metro de Madrid. Dicen que hoy mismo los trabajadores comenzarán a limpiar las estaciones y que, entre otros compromisos salariales, las empresas contratarán a las setenta personas que despidieron durante los veintiún días que ha durado la huelga. Menos mal, venía yo pensando toda desvelada, mientras viajaba a la estación Tirso de Molina. Fue la plática de dos mujeres jóvenes lo que me puso al corriente. Que se acaba la huelga, dijo una de ellas y a mí me pareció irresistible meterme a la conversación, sobre todo debido a que últimamente es muy extraño escuchar a los jóvenes hablar de temas políticos. Pero no, la conversación no duró ni un minuto completo. Que se acaba la huelga, dijo una de ellas. Ya, respondió la otra y se hizo el silencio. ¿Ya? ¿Ya qué? pregunté yo justo en el momento en que se abrió la puerta del vagón y las mujeres desaparecieran entre la multitud. Pues ya, me dije a mí misma en voz alta, toda desvelada la mañana del día de Reyes. Pensando en llegar pronto a la taberna del Mesón de Paredes para pedirle a Curro, el tabernero y amigo, una caña bien fría, por favor Curro que me muero de sed. Y de vida, me dijo él cuando le pedí la cerveza, "te va a morí de tanta vida que trae encima". Es Madrid le respondí. Ya, me dijo él y soltamos una carcajada. Una carcajada ranchera en ritmo flamenco.

Madrid, 7 de enero de 2008

EL DOLOR

Ya se desgració todito, nos dijo con voz firme Chavela Vargas, mientras escuchábamos los testimonios de los familiares y amigos de las víctimas de la violencia que este sábado participaron en la marcha que iluminó la mayor plaza pública de México. ¿Cuándo comenzó?, ¿en qué momento se dejó sentir la violencia?, ¿hace quince años?, ¿hace veinte?, le preguntó un adolescente que no recuerda haber jugado nunca futbol ni canicas ni patinado libremente en las calles de su ciudad. *Comenzó el día en que la gente con poder apagó su vida y dejó de mirar hacia adentro*, respondió Chavela. *Adentro de uno mismo, donde antes estaba la cura de todos los males. Y ahora es, para muchos, solo un obscuro vacío. Nada más.*

Chavela Vargas no asistió a la marcha. Pero la siguió atentamente por televisión. Parecía triste. *Triste de ver cómo todito se desgració, y triste también porque* dice que *ella ya no verá nunca otro México. El remedio, si lo hay, será costoso, largo, escurridizo. No será fácil que le abran la* puerta al remedio, si acaso alguien lo encuentra. Se acabarían los privilegios, el dinero fácil, el batallón de sirvientes, la reserva de escuderos. Se acabaría la impunidad y con ella, aquellos que la llevan enfundada en la cintura. Estallarían.

Chavela Vargas no le achaca la responsabilidad de tanta violencia a nadie. Se la atribuye a todos. O a casi todos. A los presidentes que llenaron de corruptos sus gobiernos. A los funcionarios que exigieron a sus subalternos ingresar a las filas de los deshonestos. A los deshonestos que repartieron la parte que les tocaba del negocio a otros subalternos. A quienes guardaron y guardan silencio, cierran los ojos, voltean su mirada. A quienes arrojaron a los infiernos su capacidad de indignarse. A los que justifican el abuso, las violaciones, la violencia.

Antes, cuando Chavela Vargas era joven, *solía recorrer con una multitud de amigos las mismas calles que recorrieron los manifestantes. Solo que no iban vestidos de blanco. Ni llevaban velas. Ni habían sentido nunca los efectos que causa la inseguridad. Solían reunirse en* El Ángel *y de ahí se iban a comer a lo que hoy es* La Fonda *de* El Refugio. *Ya bien comidos y mejor bebidos, entraban al mercado para contratar a la banda de música. Y toda la tarde y gran parte de la noche, caminaban por Paseo de la Reforma, cantando, bailando, riendo la risa pura, sin miedo, limpia como una veladora blanca. Transparente, como el viento que abre el camino a los sueños.*

Fue como un sueño, me dijo Jimena de trece años el domingo en la mañana. La busqué para que me contara *cómo se sintió en la manifestación, qué sintió, qué miró, qué pensó.* Jimena apenas podía ordenar sus frases, quería decirlo todo al mismo tiempo. Jimena que lleva dos años en una institución de apoyo a niñas de la calle, se sintió plena en la marcha. Satisfecha, feliz, íntegra, *Jimena gritona sacó en pleno Zócalo todo lo que hace tiempo no podía ni siquiera pronunciar y le estorbaba, le lastimaba, le quemaba casi, me confesó.* "Lo dije todo", *me dijo. Todo lo que ha sentido durante los últimos años, aun estando ya dentro de la institución. Dejó salir su miedo; su impotencia, su rabia de no poder ir a la escuela que iba antes, porque ya son varias las alumnas que han sido violadas al salir por la noche de la secundaria. Y porque dentro de la escuela, las niñas venden las drogas que su mamá o sus tíos, sus herma- nos, su padrastro, el vecino, alguien les mete en la bolsa del uniforme. Y si no las venden les dan tremenda paliza, les parten la boca a patadas, me contó Jimena, que fue a la manifestación con un grupo de niñas que están con ella en la institución.* Niñas como ella que le conocen el rostro a la violencia y que un día fueron rescatadas de la calle por una organización que creyó en ellas. Fue cuando ellas también creyeron en algo, en alguien, en la vida, en sí mismas. Pero ahora, me dice Jimena atropellada, tene- mos otra vez miedo. Miedo a que el odio nunca se acabe. El odio le dice Jimena a la sinrazón.

Ya se desgració todito, dijo Chavela Vargas mientras escuchaba el dolor de las víctimas. Después ya no comentó nada. Pasó casi una hora en silencio. Atenta a la palabra, a la luz, al Zócalo. A ese Zócalo que un domingo de hace ocho años, la escuchó cantar mirando hacia adentro.

Aún quedan almas que se quejan, dijo Chavela cuando terminó la marcha. Después cantó, suavecito, una estrofa de "La llorona". Y volvió a mirar hacia adentro como lo hace cuando le cae encima el dolor.

Tepoztlán, Morelos, 31 de agosto de 2008

UN JARDÍN EN EL MAR

Tengo un jardín en el mar, en el mar de Veracruz. Es un jardín verde, *verde que te quiero verde, / bajo la luna gitana, / las cosas la están mirando/ y ella no puede mirarlas.* Así de verde es mi jardín, como el poema de Federico.

Por la playa donde tengo mi casita, Playa Zapote, partió atado a la cruz de su balsa de serpientes Quetzalcóatl, el dios dual, dios del viento. Por esta playa partió avergonzado porque una noche se vio al espejo y entonces bebió hasta el delirio y fornicó con su hermana. Pero prometió regresar en la misma barca en que se fue...

> *...hay una cruz de amor y en esa cruz sin
> ti me moriré de hastío.*

Esta playa es la memoria. Es el hogar de los dioses. La puerta por la que salió Quetzalcóatl y por la que entró a México Hernán Cortés.

De todo esto hablo con los pescadores y sus mujeres cuando estoy en Veracruz, para que respeten este lugar de dioses y de historia. Algunos me escuchan con atención, pero otros me ven como quien mira a una vieja que desvaría. "¡Vieja loca!", dijo un día uno de ellos y se fue. Solo por enseñarles la grandeza de su tierra. Y de su mar.

En mi jardín cultivo todo tipo de plantas y hierbas que uso para curar dolencias. Hasta para sanar la tristeza tengo. Llegan del pueblo a decirme "Chavela, el marido de Juana tiene hinchada la barriga", y le hago una mezcla. O: "al niño de fulana no se le baja con nada la fiebre" y corro por una hoja de plátano para envolverlo. También siembro flores, pero a ellas las tengo que cubrir cuando vienen los chubascos y los huracanes.

Al principio la gente del pueblo se moría de risa. "¡Nadie siembra flores ni pasto a unos metros del mar!" y sí, salen muy lastimados, pero en unos días se reponen. Les quito con mucha paciencia la sal y coloco a su lado espejos. Es como se curan, la pura vanidad las devuelve a la vida.

TE QUIERO, TE QUIERO, TE QUIERO,
CON LA BUTACA Y EL LIBRO

ENCUENTROS LORQUIANOS

Al menos una vez al año Federico García Lorca se da una vuelta por Madrid. Me contó Chavela Vargas que cada vez que viene de gira a España, el poeta la recibe con una sonrisa en la Residencia de Estudiantes donde ella se hospeda y donde Lorca pasó sus años de estudiante y compartió afectos y pesares con Salvador Dalí, Luís Buñuel y otros intelectuales de esa generación —la del 27— que nació con el don de soñar. Aunque fueran insomnes

Chavela es una insomne irredenta, igual que García Lorca quien lo confesó en 1929, cuando escribió "Ciudad sin Sueño", que Chavela Vargas lee y relee en una edición especial y bellísima de *Poeta en Nueva York* que le regaló Laura Lorca, sobrina de Federico y fiel centinela de su memoria.

Una tarde encontré a Chavela Vargas rodeada de jóvenes en la Residencia de Estudiantes. Recitaba suavecito, como quien cuenta una historia cantada, "Ciudad sin Sueño":

> *No duerme nadie por el cielo. Nadie, nadie.*
> *No duerme nadie,*
> *Las criaturas de la luna huelen y rondan*
> *sus cabañas.*
> *Vendrán las iguanas vivas a morder*
> *a los hombres que no sueñan*

En la Residencia de Estudiantes algunos duermen. Pero García Lorca y Chavela aprovechan las noches para hablar del silencio y del canto, de la poesía y la palabra, de la vida y de la muerte o simplemente ejercitan el arte de reír. Cuando los sorprende el alba, García Lorca se pone a tocar el piano y ella se queda escuchándolo hasta que un pájaro amarillo que ronda la ventana de su habitación, la despierta. Dice Chavela que *el pájaro es el alma matinal de Lorca.*

La penúltima vez que estuvo en Madrid dio un concierto en el Jardín de las Adelfas, plantado hace casi 90 años por el poeta Juan Ramón Jiménez, otro de los ilustres huéspedes de la Residencia de Estudiantes. No cobró Chavela ni un centavo. Es la forma que tiene de agradecer al personal que la atiende durante su estancia. La chica del comedor, la que guarda sus secretos, la que le tiende la cama, los huéspedes de turno, el portero que le cuenta sus pesares, el pájaro que la despierta y por supuesto, su compañero de insomnio.

Cuentan que esa noche Chavela estuvo despierta hasta ya entrada la madrugada. Y que todos los vecinos de la Residencia de Estudiantes de Madrid escucharon a alguien interpretar al piano "Zorongo Gitano", una de las muchas Canciones Populares que Federico García Lorca recogió y armonizó y que en una de sus estrofas dice:

> *Esta gitana está loca.*
> *Loca que la van a atar.*
> *Que lo que sueña de noche*
> *quiere que sea verdad.*

Todavía hoy, desde algún lugar de la Ínsula Barataria, Federico toca de tanto en tanto el "Zorongo Gitano" para Chavela. Y para todos aquellos que, casi en secreto, miran con otra mirada al mundo.

Madrid, España, 16 de mayo de 2005

SOÑAR CON LOS PIES

Le pusieron la diva del flamenco en Gran Bretaña. Manolo Sanlúcar, compositor de la música de la *Mariana Pineda* de Sara Baras la define como una mezcla pura de pasión y disciplina. Chavela Vargas dice que *solamente una vez, cada cien años, nace una artista como ella. Con el duende encajado en el alma. Pero también en los pies.*

En una ocasión coincidí con ella en la Residencia de Estudiantes. Sara fue a saludar a Chavela, que pasa horas sentada sobre una banca de piedra en el jardín. Platica con los estudiantes, los empleados, las jóvenes que le piden consejo, el portero que le cuenta sus penas o se pone a leer. Esa tarde los mosquitos se quejaban del calor del verano y Sara, para espantarlos, alzó los brazos. *Entonces presencié el milagro. A Sara Baras le es imposible mover brazos y manos, sin ponerse a crear arte con los pies.*

—Mírala, ya despertó al duende —comentó Chavela.

Esa tarde entendí que el flamenco es una forma de vida que nace directo del corazón. No existe el sentido común.

Federico García Lorca escribió *Mariana Pineda* en la Residencia de Estudiantes, Por García Lorca fue Chavela a ver la puesta en escena de *Mariana Pineda*, interpretada por Sara y su ballet flamenco. Nadie le había dicho que desde que la bailaora escuchó por primera vez el canto de Chavela, aun siendo niña, no paró de pedirle a su mamá que la llevara a conocerla. Por ello a Chavela le extrañó tanto que cuando Sara la vio en el teatro de Madrid, le lanzara el manto de Mariana Pineda, interrumpiera la función y pidiera al público que se pusiera de pie para celebrar la presencia de "la gran señora"

En el Festival Cervantino de Guanajuato 2003, Sara fue invitada a interpretar a Mariana Pineda y Chavela, quien cerró ese año el festival en la Alhóndiga de Granaditas, aprovechó *para devolverle el gesto* y la invitó *a subir al escenario a bailar un poema, "Verde luna", que le escuchó a Lorca una noche en Madrid.* Unos meses antes, Sara recibió en su casa de Cádiz un poncho rojo que Chavela le envió desde Veracruz.

Los García Lorca tenían una huerta en Granada, regalo del poeta a su familia. Cada verano, entre 1926 y hasta 1936, la familia se trasladaba a la Huerta de San Vicente que antes se llamaba De los mudos, *en busca de luz serena y tierra húmeda. Desde la ventana de su habitación, Federico veía la Sierra Nevada y la Alhambra mientras creaba sus mejores obras.*

En 2004 Chavela fue a la Huerta de San Vicente a rendirle homenaje a Lorca. Bajo esa misma ventana creció a medio patio un imponente nogal que arropó el escenario. Sara subió otra vez a bailar "Verde Luna", pero esa noche, según dicen los que conocen de almas gitanas, con el duende más vivo que nunca. Chavela, que antes de cantar saludó a García Lorca y al público, consiguió que todos los que estaban en la Huerta sintieran la presencia del poeta.

Fue la primera vez que vi llorar de emoción a un fantasma.

Al finalizar el concierto una voz juró a gritos haber visto a Lorca asomado por la ventana. Siguen buscando su cuerpo bajo la tierra, respondió otra voz. *Algunos encontramos su alma*, dijo Chavela antes de bajar del escenario.

Granada, 1 de agosto de 2005

LORQUIANOS
(con Mario Ávila)

Cuando conocí a Chavela Vargas le canté una de mis canciones con un texto de Lorca, el recado que el poeta escribió para su amiga Margarita Xirgú antes de regresar a Granada, donde encontró la muerte:

> *Si me voy te quiero más,*
> *si me quedo igual te quiero,*
> *mi corazón es tu casa*
> *y tu corazón mi huerto.*
> *Yo tengo cuatro palomas,*
> *cuatro palomitas tengo,*
> *tu corazón es mi casa*
> *y mi corazón tu huerto.*

Al terminar y tras referir su procedencia, ella, con la sinceridad que tiene en muchas de sus expresiones, dijo: "Lorca me ha acompañado desde Costa Rica". Yo creí que se refería a su regreso de Costa Rica en 2006, pero ella hablaba de aquella vez que dejó para siempre su tierra natal y se vino a vivir a México.

Al poco tiempo Chavela dejaba la casa de su amiga Diana Ortega, aquella que inspiró su canción "María Tepozteca", para ir a la casa en las afueras de Tepoztlán, donde ahora vive. Me sorprendió que todo su ajuar cabía perfectamente en la cajuela del taxi en un solo viaje. Era la época en la que Chavela se valía en todo por sí misma y llevaba consigo herramientas que ella usaba para instalarse. Montó su recámara y dispuso las pocas cosas de ornato que tenía: una foto de la Guadalupe, su virgen descolorida que siempre la acompaña, una foto de Laura García Lorca, sobrina del poeta y amiga de ella y una foto de Federico tocando el piano. En el pequeño estante unos cuantos libros lorquianos y un libro de memorias que Isabel García Lorca escribió al final de su vida y lo llamó *Recuerdos Míos*. "Estas son las pocas cosas que logré rescatar de Costa Rica", dijo como si viniera de un naufragio.

Chavela no solo lee, sino que guarda en la memoria esos versos y cuando está en vena los repite como si los hubiera aprendido directamente de Federico. Ella, en su ensoñación, es una contemporánea. En su vida cotidiana se encuentra con él, como cuando vivió en Madrid en la Residencia de Estudiantes, en el mismísimo cuarto de Lorca: allí se despertaba en las noches en medio de la soledad, para escucharlo tocar el piano.

Yo tengo la firme impresión de que Chavela es lorquiana por su intenso amor a la persona de Federico y por eso lee sus libros y convive con sus recuerdos. Es lorquiana a su manera, con esos perfiles duros y ásperos de Chavela Vargas. Por eso, este homenaje que le brinda a su poeta tiene que venir envuelto en la emoción de las canciones que ha cantado toda su vida.

Tepoztlán, Morelos, 2012

Mario Ávila es cantante y compositor salvadoreño, nacionalizado mexicano. Es uno de los más reconocidos especialistas en Federico García Lorca, con cuya poesía y escritos ha grabado varios discos, es escultor y un gran amigo de Chavela. Subió al escenario con ella en dos ocasiones.

CHAVELA SURREALISTA

La poesía romántica de Federico García Lorca y las obras de teatro la atrapan. Pero disfruta mucho *Poeta en Nueva York*, más que por ser surrealista, porque fue el resultado de un reto que Lorca se impuso cuando Salvador Dalí y Luis Buñuel, alojados como él en la Residencia de Estudiantes de Madrid, se burlaron de su *Romancero Gitano*. "Lo de hoy es el surrealismo", le dijeron, "lo tuyo es cursi", y Lorca voló a Nueva York en dónde encontró la angustia, la indignación contra el que no mira, la aurora que gime, lo extrahumano, su propia furia. Y rompió esquemas, como Chavela.

La gente dice que México es un país surrealista, pero no lo es. México es México y punto. Todo lo que pasa es real, cotidiano, el pan nuestro de cada día. En México es natural que llegues al cementerio sin la muerta que se va a enterrar, sucede cada tercer día. No es surrealismo, es la purita verdad.

El patio de una de las casas de Playa Zapote está adornado con cabezas de muñecas tuertas, frente a la entrada de su casa amanece a diario una silla de tres patas, corren caballos blancos con tetillas de vaca. Y la playa desaparece al punto que deja de existir. Eso es surrealismo, Chavela.

Fue la luna llena, eso es todo, subió la marea.

La luna caracola. Se le representa con un caracol, porque participa en la creación, Mextli, se llama en náhuatl. Cada fase cuenta con su propia diosa. Son las que muestran al sol el camino por donde debe salir. A las cuatro juntas se les conoce como Ixcuinami. "La que quita el rostro", significa. Las diosas, al ser carnales, facilitan el trabajo de parto, desatan pasiones y hacen que la gente o las cosas se pierdan. Los deja sin rostro. Es así.

Sube la marea y el jardín de mi casa se cubre de mar, las olas llegan a la puerta. Un día va a entrar a mi habitación, van a trepar las olas a mi cama. Ese día me iré de mi casa. La casa de la luna en Aries, es su nombre.

¿QUÉ HICIERON CON TU MUERTE?

En los años
de mi soledad,
desde pequeña,
un clavel reventó.
Abrió la brecha
para llegar del cielo
una estrella,
que se llama
Federico García Lorca.
Extiende la mano
y enséñame algo de tu vida
y de tu muerte,
que nadie sabe
qué hicieron con ella

Chavela Vargas
La Luna Grande
Homenaje a García Lorca

POR LOS RUMORES DE LA TARDE TIBIA

La presenté en decenas de ciudades, recuerdo cada una de ellas, los minutos previos al concierto en los camerinos, ella había dejado el alcohol y yo el tabaco y en esos instantes éramos como dos síndromes de abstinencia juntos, ella me comentaba lo bien que le vendría una copita de tequila, para calentar la voz, y yo le decía que me comería un paquete de cigarrillos para combatir la ansiedad, y acabábamos riéndonos, cogidos de la mano, besándonos. Nos hemos besado mucho, conozco muy bien su piel.

(...) desde que empezara a cantar en los años cincuenta en pequeños antros (¡lo que hubiera dado por conocer El Alacrán, *donde debutó con la bailarina exótica* Tongolele*!)* Chavela Vargas *fue una diosa, pero una diosa marginal. Me contó que nunca se le permitió cantar en televisión o en un teatro. Después del* Olympia *(de París), su situación cambió radicalmente. Aquella noche, la del Bellas Artes del D.F., también tuve el privilegio de presentarla, Chavela había alcanzado otro de sus sueños*

Pedro Almodóvar
Adiós, Volcán
Carta de despedida a Chavela
Página de Facebook de *El Deseo*

DE SU LLANTO Y OTROS PADECIMIENTOS
(con Pedro Almodóvar)

Me lo dijo la gitana del barrio. La misma que todas las tardes recorre las mesas de las terrazas de la Plaza Dalí de Madrid, con sus enaguas de colores añejos y su billete de lotería de seis euros que cuesta diez. La vi venir directo a mí y pensé que no me había reconocido. Sabe que no compro lotería y que nunca he aceptado que me lea la mano. Pero sí me había reconocido. Me miró desde lejos los ojos. Me leyó a distancia la mirada, cuando la vi venir a la mesa que esa tarde yo ocupaba.

—Traes el mal de ojo —me dijo al oído y se marchó. O hizo como si se marchara, o como si supiera que yo no iba a dejarla ir por saber lo que ella sabe. La gitana de manos antiguas que esconde un secreto al filo de su falda.

Mi secreto.

Todos los secretos. Los secretos de los que no creemos que la piel del mundo sea corteza. Ni menos que es posible borrar de un plumazo un sueño. El sueño de creer.

—Creer —me dijo el otro día un joven grafitero—, es lo mismo que crear. Pero alguien me echó el mal de ojo hace unos meses y comienzo a agarrarle el gusto a llorar.

—¿Cómo está hoy tu corazón?, me preguntó la otra tarde Chavela Vargas que no es gitana pero que posee el don de leer la piel húmeda del corazón.

—Tienes el aura gris —me dijo—, y después quiso saber dónde andaba mi alma, *dónde que no puedo verla*.

—Me echaron el mal de ojo, le respondí y esa noche Chavela miró a Don Juan en su sueño y al día siguiente me dijo: *no te espantes si una de estas noches escuchas el sonido de un sombrero que cae sobre el suelo de tu habitación*. Yo no me espanto de nada, Chavela, le mentí.

Me espanta el dolor. El dolor que arrincona. El que nos empuja a obscuras. El que insiste en latir con el alba y quedarse hasta el atardecer y no morir. Y otra vez por la noche, cuando todo parece estar en calma, enciende su susurro.

De noche se lee mejor, se baila con más sentimiento, se respira con menos nudos en la boca. Pero de noche también duele más la pérdida, todas las pérdidas. Y el engaño. Por eso la palabra escrita por la noche es más transparente. Y triste.

—No escribas durante la noche, te agarra a latigazos la tristeza, me decía cuando notaba una brizna de cansancio en mis ojos.

La primera vez que la entrevisté me confió un secreto. Sólo porque le dio la gana hacerlo. Desde entonces, cada vez que viene a Madrid, es ella la que me entrevista, aunque yo la vuelva a entrevistar una y otra vez. Después me dice lo que opina o no me dice nada, pero me cuenta una historia sobre cualquier cosa o me platica *sus andanzas con sus amigos en Madrid*, como el otro día que estuvo con Pedro Almodóvar *quien últimamente ha recuperado su sonrisa. Volvió.*

A Pedro Almodóvar le duele la soledad de tanto en tanto. Le gusta caminar por los alrededores del Parque del Retiro. O desayunar un café con leche y algún pan en la barra de los bares del barrio. En una ocasión un hombre se le acercó para contarle que había visto en tres ocasiones *La mala educación*, su película anterior a *Volver*. La primera vez se quedó dormido antes de la mitad. Pero le dijo que le gustó. La segunda ocasión le volvió a pasar lo mismo, aunque consiguió ver tres o cuatro escenas más. En la tercera función le faltó saber qué sucedía la última media hora de la película. Pero le gustó. Dijo que le había gustado. *Y Pedro le creyó. Sobre todo cuando el hombre le explicó que todo lo que le causa placer lo relaja tanto, que lo hace dormir. Y Pedro Almodóvar sonrió.* Se imaginó a dos mujeres sentadas a la orilla de un precipicio. Alumbrando carcajadas. *La risa también es antídoto contra el frío.*

Almodóvar no se duerme en el cine, pero a veces llora. Lo hizo la semana pasada en el Festival de Cannes. *Estaba viendo* Babel *de Alejandro González Iñárritu. Pero no lloró tristeza, ni dolor, ni soledad. Él llora cuando algo le toca la parte más sensible de su inmensa creatividad.* Este miércoles quizá llore en el único concierto que Chavela ofrecerá en el emblemático teatro Albéniz de Madrid.

Pedro Almodóvar es el único amor de Chavela en esta tierra. Su esposo en este mundo. Lo dice cada vez que se ven. *Eres mi único amor en la tierra* y luego se besan. Se besan la piel del rostro y de las manos.

Una noche de concierto Almodóvar entró al camerino empapado en lágrimas. Chavela se dejó besar por Pedro y cerró los ojos. Se estuvo tan quieta que una mujer del teatro se asustó, porque se colocó en posición de muerta. Va a reencarnar, le dije en broma. No se apure.

—Chavela no va a reencarnar nunca porque ya es la reencarnación misma de Chavela, aclaró Pedro después del último beso.

Al abrir la puerta de mi casa escuché el sonido de un sombrero caer sobre el piso de mi habitación. Y no me espanté.

Madrid, España, 29 de mayo de 2006.

CUANDO DEBUTÉ EN MADRID ME PREGUNTA:

—¿Usted acaba de cantar aquí?

—A usted que le importa —le dije—, así no se presenta un caballero con una dama. Me extraña, esa es una pregunta tonta. Y entonces me preguntó:

— ¿Dónde vive? —y me suavizó. Respondí:

—En *El Bulevar de los sueños rotos*.

—Ah! —me dijo—, entonces vivimos en la misma cuadra.

Así fue como me hizo la canción del Bulevar de los sueños rotos.

Vive una dama de pelo blanco
Gata valiente de lengua lisa

Otro día viene a verme a la casa en Madrid donde vivo y me lleva un letrero que dice "Bulevar de los sueños rotos". Yo lloré a mares, claro.

¡Ay Dios mío!, pa qué dije sí,
si no es lo mismo venir que irse chillando.

Mire a Joaquín, señor
ya se mexicanizó.
Pos que dice que no,
Pos que dice que sí.

Usted lo viera en México.
Allá anda tequileando con todas, la bola de chamaconas,
las trae de un ala, pues, yo lo he visto
que se coman los gusanos estos ojitos, sí señor.

Joaquinito ¿me estás oyendo, o crees que estoy hablando
mal de ti, mi amor?
Si te quiero mucho, mi cuate,
Desde el primer día que nos vimos aquí en los madriles.

Ajjúa

Me caíste rete bien,
me gustaste por sincero,
me dijiste que me fuera al carajo.
Muchacho, ¿pues qué es eso?
Estabas hablando conmigo
Con tu cuatacha la Vargas

Ajúa la calentando

Y dijo: ¡ya vino la Vargas!
Nos hicimos rete cuatachones
y nos fuimos de parranda,
todas las noches de luna
serán para Joaquín y para mí, pues.
Que todas las noches

Chavela Vargas
"Que todas las noches sean noches de boda"
(Introducción)

LA DAMA DEL PONCHO ROJO

(con Joaquín Sabina)

> *Se escapó de una cárcel de amor,*
> *de un delirio de alcohol,*
> *de mil noches en vela,*
> *se dejó el corazón en Madrid.*
> *Quién supiera reír*
> *como llora Chavela*

Joaquín Sabina llora lágrimas como melones cada vez que habla de México y en particular del presidente Lázaro Cárdenas, del exilio español y de Chavela Vargas. Se emociona a rabiar cuando viaja a la ciudad viva, como le dice al Distrito Federal. Le encanta recorrer las cantinas, los parques, los callejones y quedarse tequileando en el *Tenampa* hasta que lo corran. Luego se pone a inventar, como lo hizo cuando fue o inventó que fue al *Boulevar de los Sueños Rotos*, donde vive una dama de poncho rojo, pelo de plata y carne morena. Ese día escribió una canción para Chavela que *quiere mucho a Joaquinito,* como ella le dice.

—Es jorongo Joaquinito, se dice jorongo —le ha explicado mil veces Chavela cuando lo escucha cantar. Le da risa que no haya nunca aprendido la diferencia entre un poncho y un jorongo, pero no se desespera.

La vida me ha enseñado a guardar la calma cuando otros dicen babosadas o nomás no entienden lo que uno piensa, habla, enseña. Saber irse detrás del mostrador de los sentimientos y aguardar hasta que la otra persona o personas se cansen de escucharse a ellos mismos me ha resultado muy enriquecedor. Antes no. Antes salían los demonios y hacía daño. Ahora me envuelvo en esa parte que tiene la vida que sabe extender los brazos. Como una amiga.

A Sabina también le gusta caminar por las calles de la ciudad de México donde encuentra la huella que dejaron españoles como Luis Buñuel, Pedro Garfias, Manuel Altolaguirre, Max Aub y muchos otros. Le da pesar no haber podido tener maestros como ellos, cuenta y llora. Llora tanto como lo hace en los conciertos de Chavela.

Pero no en los suyos. No lloró en el concierto que cerró la semana del homenaje al General Lázaro Cárdenas y al exilio español que se organizó en Madrid. Más bien enredó su voz, su mirada y su risa con Astrid Haddad cuando cantaron juntos "Las ciudades" de José Alfredo Jiménez, a quien Joaquín compara con el Cid porque gana batallas después de muerto. Joaquín volvió a acordarse de Chavela para quien *"Las ciudades" no es una canción, sino una plegaria.*

—No tienes la menor idea de lo que acabas de hacer —le dijo Chavela a José Alfredo el día que la escribió silbando.

Joaquín se emocionó cuando un ¡Gracias México! con acento español llenó el Madrid Arena. Y cuando vio al público compartir tantas lágrimas como sonrisas. Él, que nunca aprenderá la diferencia entre un poncho y un jorongo, esa noche demostró que lo que sí sabe hacer es reír. Reír, como llora Chavela.

Madrid, 2 de octubre de 2005

CONVERSACIÓN EN PRIVADO

Si fuera posible decidir el día, la hora, el lugar donde morir, estoy casi segura de que nadie lo haría. O casi nadie. Es difícil decidir morir. Desear morir. Aun para aquellos que ya recorrieron las montañas, los bosques y los valles de la vida. Es difícil tocarle la mirada a la muerte que mira de frente a todo aquel que testifica, paso a paso, el lento deterioro de la vida. No, nadie, ningún anciano por propia voluntad desea marcharse. Por más insumisas las piernas, por más rígidas las manos, sexo, dedos, cintura. Por más despobladas las uñas y cobarde la memoria, la vida ata al dolor, silencia al discurso pronunciado desde la razón, vence a la voluntad manifiesta de descansar, al fin, en el etéreo espacio donde el alma, desnuda, asume el mando.

Cuando la vida escapa, nada importa más que conservar la vida.

Me lo dijo una mujer de noventa años. Después me pidió que me acercara para susurrarme al oído el nombre del más temido de sus enemigos. *Es el tiempo,* confesó. *El tiempo que lame dulcemente mi cerebro, como si yo fuera roca y él, mar.* Eso me dijo y me quedé sin ninguna palabra que darle, ni una frase para responderle. Nada. No supe qué hacer y me puse a mirar sus pupilas dilatadas por la persistente luz que imagina le quema los párpados.

La luz huidiza de los hombres y mujeres solitarios. De los que tienen todo y nada tienen. Solos.

No digas cómo me llamo, me pidió antes de que saliera de su habitación. *No digas cómo me llamo, pero escribe sobre mí. Diles que en ocasiones sueño que estoy muerta. Y que cuando despierto me escucho hablar y pienso que en realidad estoy muerta. Pero regreso, siempre regreso a la vida.*

Le pedí que lo siguiera haciendo. Que todavía hay tiempo para regresar. Que hay quien ha vivido más, mucho más de noventa años. Le conté del fotógrafo Manuel Álvarez Bravo que alcanzó los cien. De Andrés Henestrosa el escritor oaxaqueño que murió a los ciento dos y de mi bisabuela que lo hizo cuando acababa de cumplir los ciento cuatro, aunque no le confesé que era esa su edad inventada, pues no tuvo nunca un registro de su nacimiento. Más de cien años dijeron los médicos cuando murió. Ciento cuatro, dijo su hija cuando le cerró los labios todavía tibios de amor.

No diré cómo se llama. Diré sólo que tiene noventa años de vivir y que no tiene ninguna intención de morir. Aunque ella sabe que tendrá que hacerlo, lo sabemos todos. Todos lo llevamos bordado en la memoria desde que nacemos.

Vivimos para avanzar hacia la muerte. Paso a paso. Pero ella sabe también que *podemos robarle tiempo a la muerte. A la muerte hija de su pinche madre*, me dijo, sin disculparse con el médico que entró a la habitación justo cuando subió la voz para calificar a la muerte de hija de su pinche madre. Y el médico trazó una sonrisa inquieta, ignorante, una sonrisa que se mutila el sonido por no saber cómo ingresar al territorio de los sentenciados.

No les digas cómo me llamo, me volvió a decir al día siguiente, segura de que escribiría sobre ella y su palabra. Me pidió que llevara una grabadora. Que guardara uno a uno los sonidos de su voz, para poder pronunciarse viva cuando muera.

Tres, dos uno, grabando, le dije y comenzó a decir su edad, su deseo de vivir un día más, dos, diez. *Tengo noventa años y estoy viva. Viva de tanto vivir, de tanto amar, de tanto gritar que estoy viva, como la vida, como el color rojo, como los recuerdos rojos que saben a pan*, dijo y luego guardó silencio por varios minutos. No sé cuántos. Los suficientes para que yo pensara el valor inconmensurable que tiene la vida para quien la ha vivido noventa años. Para quien la ha gozado. Y lo poco, o casi nada que significa hoy la vida para tantos, para tantísimos seres humanos a quienes últimamente les ha agarrado la manía de confundir la vida con el poder. El vértigo que produce el abismo, con la caída. La muerte con el triunfo.

Todos moriremos, me dijo la mujer anciana. *No hay dinero que pueda evitarlo, ningún mecanismo que lo consiga. Ni todas las agencias de inteligencia unidas, ni la fortuna y poder de todos los barones de la droga juntos podrán impedirlo. Ni los príncipes, ni los sacerdotes, ni los chamanes, dejarán de morir. Nadie. Morir no tiene remedio, ni precio. No hay nadie a quien corromper para que ponga a morir a otro en nuestro sitio. Morir es lo único personal. Más que amar.*

Apagué la grabadora. Presentí que ya todo estaba dicho y además, volvió a quedarse dormida. Está todo dicho, pensé. Al menos mientras vuelva del sueño con otra historia que contarme sobre la forma *cómo puede todo ser humano ganarle la batalla a la muerte. Por trozos.*

A los noventa años, no siempre se vuelve del sueño con una historia propia. Ella volvió contando que *las cosas, los objetos, las paredes de su casa no le pertenecen pues no han envejecido a su lado, a pesar de haber estado juntos los últimos años.* La vida es el presente, le dije. Nada más. El presente que no siempre se vive en el mismo sitio, sino en donde el cerebro decide.

Ella lo vive en una habitación que no es la suya. *Pregunta quién la trasladó y por qué. Pregunta en qué país estamos. En qué ciudad. Qué diablos hago yo ahí.* Cuando mira la grabadora guarda silencio. No dice nada. No responde a ninguna pregunta. La enciende y escucha. Se escucha viva y sonríe. Después toma mi mano. Tiemblan sus labios, la piel de la frente, tiembla. Es el tiempo que le lame dulcemente su cerebro, como el mar a la roca.

Instituto de Neurología, 5 de marzo de 2009

JOSÉ ALFREDO JIMÉNEZ
(con Carlos Monsiváis)

"Nadie ha sabido interpretar los versos de la canción de José Alfredo Jiménez con el desgarro con que Chavela Vargas los ha cantado. 'Son ellos dos los que mejor han sabido transmitir que las rancheras son, al fin y al cabo, canciones hechas en los márgenes y que dan siempre cuenta de una derrota, de un fracaso', escribió Carlos Monsiváis

No me dieron la dirección exacta. Sabía que estaba en el centro de Santa María La Ribera y que tenía un nombre de ciudad europea. Nada más. El taxista no tenía ni idea de cómo llegar y con los escasos datos que yo le proporcionaba, la tenía difícil. No sirvió de nada su llamada por radio a todos los "21", a quienes pidió que por favor le dijeran qué calle agarrar, qué avenida, en dónde dar la vuelta o seguir de frente, para llegar al centro de Santa María la Ribera.

Primero le preguntamos a una pareja de jóvenes que nos dijeron que todavía ni siquiera estábamos en la Santa María. Seguimos sus instrucciones y entramos por San Cosme, dimos la vuelta a la tercera a la derecha, como nos señalaron. Nos detuvimos frente a un taller mecánico y fui yo quien le pregunté a un hombre que sacó su cabeza del motor de un automóvil para escucharme. Es una cantina vieja, muy vieja —le dije— y está cerca del parque central. Ni es cantina ni está vieja, me gritó casi el mecánico, sorprendidísimo de mi forma de preguntar por la ubicación del *Salón Cantina París*. Insistió en explicarme una y otra vez que de vieja no tenía nada, pero nada de nada. Es un lugar con muchos años, con mucha historia, un lugar antiguo, me explicó ya más tranquilo aquel hombre que después de cinco minutos de plática acabó despidiéndose de mano y con una sonrisa enorme en su rostro de aceite.

Estuvimos a punto de seguirnos de largo. La tuvimos enfrente y ni el taxista y yo la vimos. Por poco se pasa, güerita, me dijo un señor señalando el Salón París a mis espaldas. Gracias le dije y respondió con un provecho por lo que di por un hecho de que comería muy bien. Y así fue. De botana unos sopes enormes de salsa roja no muy picante. Después la clásica de fideos con mollejas y un chamorro picadito para taquear. Al fin había llegado al *Salón Cantina París*, el lugar de la Ciudad de México, donde José Alfredo Jiménez comenzó su carrera. La cantina dónde entre una y otra canción, se echaba sus tequilas. Uno tras otro. Para poder escribir como solo él sabía hacerlo. Inspirado, desde dentro, como un poeta. Solo que él lo hacía, cuando no estaba en su casa, sobre una servilleta de papel. Así escribió muchas de sus canciones, entre un tequila y otro, recargado en la barra de una cantina y en una servilleta.

Dice Chavela Vargas que *fueron cientos las ocasiones* en que lo vio hacerlo. Y es que el verdadero vicio de José Alfredo no era el alcohol. Era la escritura. Cuenta Chavela que si pasaba un día, un solo día sin escribir le tocaba padecer el síndrome de abstinencia. Era como dejar de tomar, pero más intenso. Escribir, crear, comunicar, fue su vida, el oxígeno diario. Por eso, cuando le diagnosticaron la cirrosis, dejó de tomar apenas un tiempo muy corto y volvió al trago. Sin trago no venía la inspiración. Sin inspiración no podía escribir. Sin escribir enloquecía. Se daba de topes en la pared, gritaba. Así era su mundo. Su mundo raro que comenzó en una cantina de Santa María la Ribera.

No sé si fue en el *Salón Cantina París* o en el *Tenampa*, o en el *Viejo Refugio*, pero José Alfredo escribió "Las Ciudades" sobre la barra de uno de estos sitios. Y nunca supo lo que escribió. Dice Chavela que cuando le dio a leer el texto de "Las Ciudades", le dijo "José Alfredo ésta no es una canción. No sabes lo que haces, José Alfredo", insistió Chavela, que todavía se emociona cuando me lo cuenta.

Los vecinos de la Santa María la Ribera apenas saben sobre la presencia en su barrio del más grande compositor de música popular de la historia de México. Unos cuantos solamente dicen que algo de ello han oído. Pero poco. Los clientes del *Salón Cantina París*, en cambio, están muy al tanto. En las paredes han colgado varias fotografías de José Alfredo, algunas de ellas donadas por la familia del cantante, otras por los propios clientes. En algún rincón se lee: *Aquí escribió sus canciones José Alfredo*. Hay quien cuenta incluso que por ahí anda una de las servilletas con un trozo de canción. Y el dueño y los meseros quieren difundirlo por toda la ciudad.

Cuentan los que saben que José Alfredo escribió 200 canciones, pero sus amigos y gente cercana aseguran que han de haber sido más de mil. Que por ahí han de andar guardadas en un cajón, en la bolsa de algún pantalón o en alguna cantina de la ciudad de México. Quizá en el *Salón París*. O en el *Tenampa* o en alguna de las muchas otras cantinas donde cantó, se emborrachó, conversó y luego entre un tequila y otro, entre una canción y otra, creó.

"El Rey", seguro que no la escribió en una servilleta de papel. Fue de sus últimas composiciones. La escribió con calma, en su casa, sobre una hoja de papel en blanco. Sabía que le quedaba poco tiempo de vida. Que pronto se iría. Sabía bien que estaba afuera. Pero que hasta para morirse, hay que saber llegar. Como él lo hizo. O como Chavela su gran amiga que llegó a su funeral, se sentó en el suelo, al lado del féretro y cantó, una tras otra, las canciones de su compañero de parrandas. Nadie osó retirarla, sacarla del velatorio. Después de dos botellas de tequila se marchó. Sola, muy sola, sin José Alfredo.

Cuando me pierdo en la ciudad, suelo enojarme en forma desmedida. Me pongo furiosa, de mal humor. Pero el día en que fui en busca de una cantina con nombre de ciudad europea no me importó no saber llegar. La historia del *Salón París* y la de José Alfredo mismo, serían otras historias sin un mecánico, una joven pareja, un cantinero, un mesero de la Santa María la Ribera. O de cualquier otro rincón de la ciudad donde hay alguien que mira, platica y le coloca una letra a las emociones, a la risa, al dolor, al silencio, a la soledad y a la muerte. Para saber llegar.

Ciudad de México, 12 de mayo de 2008

EL PAÑUELO CON ORILLAS DE LLORAR
(con Manuel Arroyo)

Su novia le *dio un pañuelo con orillas de llorar*. Lo contó la misma Chavela Vargas desde un balcón, la noche en que Comala apareció en el centro de Madrid. Y lo platicó cantando, como lo hace cada vez que algo le penetra las pupilas hasta arderlas. *Algo como el quejido de un muerto.*

¿Has oído alguna vez el quejido de un muerto?, dijo una voz sin luz y la luz la encendieron los gritos, los sonidos, los murmullos.

Me mataron los murmullos, atinó a explicar la voz mientras se iba hundiendo el silencio entre las piedras de agua. El silencio que fue finalmente a caer en las pupilas de Chavela Vargas.

Mi novia me dio un pañuelo con orillas de llorar, cantó Chavela la canción del siglo XIX. La misma a la que Juan Rulfo le cortó un trozo para ponerlo en la boca de uno de los pobladores de Comala que la otra noche apareció junto con otros más, en el centro de Madrid. *Uno tras otro entraron lentamente, disimulando la muerte que traen encima. Susana San Juan, Justina, Damiana, Dorotea, Doloritas, el Padre Rentaría, Pedro Páramo.*

Chavela se quedó sentada en el balcón del teatro. Sólo se escuchó su canto, un canto como de diosa que aún no nace. Después le dije: "cantaste como una diosa que todavía no nace" y se rió con la risa de la vida que le dio cantar otra vez en Madrid. *Aunque sólo haya sido por poco más de un minuto. Que así tenía que ser*, me dijo Chavela y luego me preguntó si pude escuchar *al gallo, al Colorado de Miguel Páramo, a las campanas, al viento, a las carretas, al río y al olvido.*

—Es importante escuchar al olvido, es una ánima sin voluntad, susurró.

A Chavela Vargas no se le olvida nada. Tiene ochenta y seis años y recuerda el antes inmediato y el antiguo. Algunas veces suele también recordar el futuro.

Con atuendos del futuro vinieron a Madrid los muertos de Comala. Túnicas moradas, blancas y amarillas, menos la sombra de plata que bailó, murió, desapareció, se dobló y se pegó a los cuerpos de voz de las mujeres y de los hijos de un tal Pedro Páramo. Comala siempre está donde vamos.

Solo que hoy está en Madrid porque Julio Estrada, el músico mexicano la trajo. Fue el estreno mundial de los *Murmullos del Páramo*, una "multiópera", como él le dice. Hubo lleno. Estaban los dos grandes amigos de Chavela: Pedro Almodóvar y Manuel Arroyo, a quien le gusta un montón "Las Ciudades", de José Alfredo Jiménez.

Cántame otra vez "Las ciudades", le gritaba casi todas las noches por una larga temporada Manuel a Chavela, cuando se presentaba en el bar *El Hábito* de Coyoacán. Chavela me contó un día que la traía *desesperada, mareada, vuelta loca, el mugre español, ¿que no sabe pedir otra?*, pensaba Chavela antes de que se comenzaran a querer, *como solo se quieren los amigos que suelen lamentar la ausencia de la voz. La voz de la memoria.*

Manuel Arroyo se sentó junto a Chavela, en el mismo balcón del teatro. Se tapó los ojos. La vi taparse los ojos con un cristal de río cuando apareció la cama de Susana San Juan, la última mujer de Pedro Páramo. Más tarde le dije: te vi taparte los ojos, Chavela. Pero ella no vio cuando la vi y pensó que yo no había ido al Teatro Español de la Plaza de Santa Ana donde se presentó la ópera de Estrada. Pero no le importó. De todas formas estuvimos todos. Los que fuimos y los que no. Bastaba con saber escuchar. Bastaba con ser. O dejar de ser.

Comala siempre está donde estamos. Basta con saberla oír.

Madrid, España, 15 de mayo de 2006

HAY UN SALÓN CON MIL VENTANAS

CHAVELA VARGAS, LOS DIOSES Y LA CHAMANA

CUPAIMA

Chavela Vargas va a detener sus pasos una tarde y va a morir, ella sabe que así será. Y no le da miedo morir. Lo que no le gusta *es ver el rostro de la muerte en otro rostro.* Le da tristeza. Le parece injusto que alguien sufra la pena de ver, en vida, cómo se va desprendiendo de su cuerpo la vida. Nunca la vi tan triste como el día en que me lo contó. Con una tristeza dulce en su palabra.

Vi a Chavela ese fin de semana. Y como siempre que la visito, me habló sobre sus proyectos.

—Cuando muera seguiré existiendo. Seguiré escuchando música. La música de la tierra, la de los dioses, la de los hombres y mujeres que crearon la música, antes de que destruyeran a sus dioses; antes de andar a tientas por la vida, como pájaros insomnes.

Chavela Vargas no morirá dormida. Dice que se va *a morir mirando al sol. O viendo cómo el sol se aleja de la tierra.* Me lo cuenta y recuerda los días en que ella y José

Alfredo Jiménez unían al sol con la luna. Eran uno solo, estaban frente a ellos al mismo tiempo. Sin tiempo. Y el sol y la luna bailaban el canto de Chavela y José Alfredo. La canción que José Alfredo acababa de escribir sobre una servilleta blanca en la barra del *Tenampa, con esa fuerza extraña que le daba escribir sobre el amor y el desamor, con una botella de tequila encima.*

A Chavela le sucede con la música prehispánica. La *invade esa fuerza extraña.* Siempre sintió *una gran atracción por su intensidad, por su magia y misterio.* Aprendió *a soplar el caracol.* Y cuando lo hace imagina *su propio canto que sube y baja en espiral. Al centro, el silencio. El silencio caracol.* En una ocasión la vi soplar el caracol. Parecía que había dejado de existir. Que tan sólo quedaba el sonido, el silencio, la espiral. Sin Chavela. En ese momento supe que igual que la poesía, la música ruega la presencia del creador con el único fin de desconocerlo.

Cuando nada nos sobrevive somos nosotros mismos frente a nuestra máscara de sueños. Lo dijo Chavela o lo dije yo, no lo recuerdo. Quizá ninguna de las dos lo dijo, pero lo pensamos.

A sus 87 años Chavela Vargas hizo realidad su sueño. Se llama *Cupaima,* un disco que fusiona sonidos prehispánicos con canciones rancheras. Cupaima, que quiere decir "la última chamana del pueblo" Aunque Chavela opina que *siempre habrá otra chamana. Siempre habrá alguien que impida que se apague el canto. O el grito, o la continuación de la vida. Alguien que alivie el dolor del mundo. Siempre habrá vida,* me dice. *Aunque por momen-*

tos parezca que nos estamos devorando a la memoria. Y con ello a la vida. La fuerza extraña de la vida.

Grabó *Cupaima* en Guadalajara. Son canciones que Chavela *ha cantado toda la vida.* Y que *llevaba años soñando acompañadas de caracoles, tambores, teponaztles, piedras, sonidos de piel* que Jorge Reyes fusionó para Chavela *después de escuchar mil veces cada canción. Después de dejar de escucharlas y comenzar a sentir.*

Hay quien dice que *Cupaima* es la despedida de Chavela quien de hecho, se despide en *Cupaima*. Pero ella se ha despedido muchas veces. O siempre. Ha *andado por este mundo ochenta y siete años* y sigue *buscando a sus amigos de antes, a los de siempre, a los de hoy.* Cuando los encuentra se apropia de sus recuerdos y otra vez se despide.

En el disco Chavela se despide con un acto de amor. *No me están quedando fuerzas,* confiesa y hace pública su pequeñez. *Al lado de la diosa Chicalcuitle,* dice, *soy muy pequeña. Pero soy también mujer.* Después habla de Pablo Neruda a quien conoció y a quien admira. Se sabe de memoria casi toda su poesía. Un día Neruda le dijo *¿y tú qué sabes de poesía Chavela?, ¿qué sabes?* Sabe destejer la voz de los poemas.

Voy a mezclarte, Pablo, con la música, le dice Chavela a Neruda en el disco. Y sigue andando. Camina hacia atrás y hacia adelante. Su vida *ha sido un parto continuo.* El parto de su existencia. De sus ochenta y siete años de andar por este mundo *amando a México. Al corazón de esta tierra* de la que se despide casi llorando. Como quien dice adiós a un gran amor, *sin perderse en el espejo, sin dejar de creer.*

Chavela Vargas cree en la vida y en Federico García Lorca. También en Pedro Almódovar. *¿Cómo no voy a creer en Pedro si es mi esposo en esta vida?*

Me lo dijo hace tiempo en Madrid. Y también, naturalmente, cree en la música. La música que la *ha llevado de la mano por la vida. La que le inundó la piel después de haberla secado.* La música que *no le hizo ninguna pregunta.* Que la *acompañó después de haberla dejado sola.* Y que *acabó por reconocerla. Aunque la desconozca.*

No me están quedando fuerzas, reconoce Chavela Vargas, pero sigue creando. Busca, *no sabe qué, pero busca para no morir. Para no callar. Para gritar que estar triste es estar viva y reír. Para cantar* Cupaima *en una pulquería prehispánica. Para volverse chamana y aliviar el dolor de quien en vida mira a la vida desprenderse de su cuerpo. Para suspenderse en la espiral de un caracol, sin nada más que el silencio del canto. Y acechar ella misma a la muerte, antes de que la muerte se refleje en sus ojos insomnes.*

Ciudad de México, 27 de febrero de 2007

CUPAIMA EN GUADALAJARA

Tiene *ochenta y ocho años y un prometedor futuro*. Dentro de dos días dará un concierto frente a más de dos mil personas en Guadalajara, y ya está *trabajando en su próximo reto*. En unas horas cantará "La llorona" y "Vereda Tropical" *acompañada de sonidos de caracol*, y ya está *inventando un tango ranchero*. Chavela Vargas tiene *a la vida metida en la voz*. No importa qué tanto le ha cambiado en el medio siglo que lleva cantando. *No importa si es menos o más dulce que antes, más aguda o no, ni si su voz requiere hoy de un espacio más extendido, o de un número mayor de pausas. A nadie que sepa escucharla, a nadie que haya testificado lo que sucede cuando canta, se le ocurre comparar el canto de Chavela de hace treinta, veinticinco años, con el actual. A nadie. Sería como cuestionar el ritmo de la vida. Su respiro.*

Somos lo que hemos sido y lo que aún estamos por ser. Los trozos de vida que con o sin nuestra autorización, se han ido desprendiendo de la piel que nos cubre. Los trozos que nos descubren tal cual somos en el instante mismo en que nos pronunciamos. Y que nos conceden el equilibrio de la luz.

Cuando Chavela canta frente al que sabe escucharla, no desnuda el alma. Lo que en realidad hace es que consigue que el intruso la deshabite, para que solo quede uno mismo. Ese es el arte. Nada más.

Hay un mercado en Guadalajara dónde todavía venden jorongos de telar. *Los jorongos de fábrica no respiran, no se mueven ni se abren, nada,* lo aprendí de Chavela. *Los de telar en cambio vibran, saltan, casi bailan los jorongos del mercado San Juan de Dios de Guadalajara.* Y sus vendedores suben las ventas cuando dicen que sus jorongos son igualitos a los que usa Chavela Vargas, "vea usted nada más las grecas, son las mismas que se ven en el jorongo de Chavela cuando abre los brazos en el escenario. Chavela, nada menos y nada más que La Dama del Poncho Rojo, como le canta Joaquín Sabina". Lo dicen así, tal cual, con la cita de Sabina y todo. Lo escuché este fin de semana y me entró un ataque de risa. El encargado del puesto sin número de la entrada también sin número del mercado San Juan de Dios vendió con estos argumentos un jorongo rojo a Chavela Vargas. Y no se dio cuenta de que Chavela era Chavela hasta que un joven del puesto de enfrente se acercó con un cuaderno en la mano a pedirle a Chavela que "por favor, si a usted no le importa, un autógrafo para su papá que le enseñó quién es Chavela Vargas y que el pobre ya está viejito y nada lo anima, nada le quitará la tristeza más que un autógrafo de Chavela". "Se llama Tomás, mi papá se llama Tomás", le dijo mientras le colocaba el lápiz entre los dedos y el vendedor de jorongos se jalaba los cabellos.

Vergílio Ferreira, novelista, ensayista y profesor portugués, tiene una voz muy similar a la de Chavela Vargas. Solo que la de Ferreira es una voz escrita. Pero igual de potente y de singular. Le debo al filósofo español Miguel Marinas, mejor amigo que filósofo, el descubrimiento. Y el placer de los desvelos que me han dejado el libro *Pensar* de Ferreira.

Dice Ferreira que hay que aprovechar la vida mientras sea vida dentro de uno mismo. Que hay que aprovechar nuestro cuerpo mientras sea uno quien lo habita. Se refiere, interpreto, a la juventud que hace que todo en nosotros se convulsione y por tanto nos llene de vida. Y asegura que después la convulsión se mitiga y se comienza a vivir de las ideas recabadas que sin embargo, se van perdiendo según vamos envejeciendo. Poco a poco se pierden hasta que queda solamente la corteza, como el caparazón de un cuerpo que espera que alguien por fin lo tire a la basura. "Aprovecha tu cuerpo mientras estás dentro de él", dice una y otra vez Ferreira.

—Aprovecha, dice también Chavela.

A los ochenta y ocho años Chavela Vargas se encuentra en su cuerpo. Y aprovecha para seguir cantando con su voz de ochenta y ocho años y cincuenta de cantar. Su concierto en el Teatro Diana será también una especie de homenaje a su trayectoria. Más que una despedida, un reconocimiento. Pero en el fondo Chavela sabe, siente, intuye que *este miércoles se despedirá de Guadalajara*. A última hora agregó al programa "Virgencita de Zapopán", una canción que escribió José Alfredo Jiménez para decirle adiós a Guadalajara. Pero en el caso de Chavela, solo a Guadalajara. Sus planes incluyen conciertos en Ciudad de México, Tenerife, Rusia, quizá Japón. *Y uno que otro viaje a países, pueblos y ciudades que haya conocido antes o no, últimamente le susurran al oído una canción de amor.*

La verdad es amor, escribió un día Vergílio Ferreira para quien toda la relación que tenemos con el mundo se funda en la sensibilidad. Vista así, la verdad no se convertirá nunca en otra de las muchas verdades que de unos años para acá han dejado de serlo. Quizá sea una verdad para siempre. Viva, como los jorongos rojos de telar.

A Chavela Vargas le sangran las palmas de las manos cuando canta. Un médico me explicó el fenómeno con no recuerdo qué argumento científico. Pero yo prefiero quedarme con la versión de la cantante española Martirio quien sostiene que Chavela es una chamana de la canción que cura con su canto los males que llevamos dentro. Y las chamanas, cuando curan, sangran.

Cupaima se llama el concierto de Chavela. Cupaima que *es el nombre con la que la bautizaron los huicholes hace unos años en San Luís Potosí. Cupaima que significa la última de las chamanas. Una chamana de ochenta y ocho años que por el momento no tiene intención de morir. Y quizá tarde en hacerlo o no lo haga nunca,* porque como dice Ferreriro, solo se existe por la vida que está en uno y en los demás y en la luz y en la verdad profunda de la tierra.

Guadalajara, 8 de mayo de 2007

LA CIUDAD DE MÉXICO

Lo hicieron los que estuvieron antes, pero él fue el primero en hacerlo para los que estamos hoy aquí. Lo hizo para los que creemos en el canto, en el arte, en los libros, en la lectura en voz alta, en las palabras que vuelan, como aves sin máscara, por las calles de la ciudad de México. Y lo hizo también para él: para poder continuar el vuelo. El vuelo que le levanta el alma y con ella se alza la nuestra.

Alejandro Aura tuvo la generosa ocurrencia de recuperar la mayor plaza pública de la ciudad: el Zócalo. Y lo primero que hizo desde el entonces Instituto de Cultura de la ciudad, fue organizar hace ya diez años, un baile público con Celia Cruz. No se cobró nada, ni un quinto. La gente, cuando se enteró del baile, creyó que Alejandro había enloquecido. Que no era posible, que eran puros inventos de un poeta que salía en televisión con una bola de mujeres y que tenía una voz de seductor que daba vértigo. Además costaba creer que la mismísima Celia Cruz en persona se presentaría en el Zócalo. Y sí, claro que fue. Y puso a bailar a todos los que sí creyeron que la iniciativa era real y a los que lo dudaban, pero se dieron su vuelta, por si acaso la reina de la salsa se aparecía en la explanada.

Después de ese concierto ya nadie lo puso en duda: la ciudad de México había abierto los brazos a la cultura. Los capitalinos pudieron escuchar gratis a Manú Chao, Café Tacuba, Chavela Vargas, Madredeus, Willie Colón, entre muchos otros. *Y luego comenzó a llevar incluso a grandes escritores como José Saramago, el Premio Nobel portugués de Literatura que todavía a estas alturas no puede creer que en el corazón de la ciudad de México tuvo la presentación con más audiencia de su historia. Y todo al aire libre, frente al Templo Mayor y la Catedral. Frente a la historia que cuenta lo que fuimos y la que nos recuerda lo que somos. La gente, cuando escuchó que había un escritor famosísimo, se fue arrimando a enterarse qué era eso de presentar un libro. Y se quedó durante toda la tarde escuchando la palabra de uno de los escritores que mejor conoce el significado de la dignidad.*

Cuenta Chavela Vargas que su aparición en el Zócalo fue intensa. Esa es la palabra que emplea para definir el concierto. *La intensidad. Nada puede compararse,* me dijo. *El público, el pasado, el presente. Todo unido por el canto. Hubo un momento en que la explanada vibró. Las piedras,* dice Chavela, *estaban vivas.* Ese día, al concluir el concierto, Chavela hizo público su testamento:

Jóvenes del mundo, les dejo como herencia mi libertad.

Está difícil cumplir con la encomienda, le dije en una plática. *La libertad cuesta. Pero se consigue. Tienen que pagar las cuotas. La libertad es soledad. Por eso hay que aprender a amar la soledad. Amarla de verdad.*

En el concierto de Chavela en el Zócalo y en muchos otros, quienes asistieron al Valle de Anáhuac recordaron que *las calles y las plazas no son propiedad de nadie, porque son de todos. El Zócalo en esos días recibía una cubetada de vida aunque a los artistas e intelectuales les pagaban poco, realmente muy poco, no les importaba. Ellos se sentían parte de esa locura de tomarse por asalto las calles y plazas de la ciudad, utilizando como arma a la cultura.* Su ganancia era un notable incremento en sensibilidad. En la de ellos y en la de la gente que acudía a verlos, a convivir con ellos y con los otros, prácticamente cada fin de semana.

Todavía hoy Chavela Vargas cuenta que *a mitad del concierto en el Zócalo lloró. No supo la razón, pero lloró. Entre una canción y otra le pasaron una hoja de papel doblada que traía la noticia de la muerte de su hermano. Y entonces sonrió y le dedicó el concierto a su alma.*

Ciudad de México, 15 de julio de 2008

CONCIERTOS

Ha cantado en el Carnegie Hall de Nueva York, en el Olympia de París, en el Albéniz de Madrid, en los más reconocidos teatros de Valencia, Bilbao, en el Palau de Barcelona. Ha ido a un sinnúmero de festivales internacionales. Se ha presentado en el Zócalo de la ciudad de México, en la Alhóndiga de Granaditas durante el Festival Cervantino, en el Palacio de Bellas Artes, en el Teatro de la Ciudad Esperanza Iris, en el Degollado de Guadalajara, en el Diana.

En Argentina cantó sin cobrar un centavo. El boleto de entrada al concierto fue un libro. En Sevilla estuvo en la Maestranza y en la Bienal 2004, junto con la bailaora Sara Baras.

Chavela Vargas ha estado en los escenarios más reconocidos del mundo. Estuvo en el Auditorio Nacional de la Ciudad de México el 4 de diciembre de 2007. Y lo hizo sin nada más que dos guitarras, las de Los Macorinos, sus músicos que tan bien la conocen. Que saben por dónde vendrá la próxima nota. Que conocen el momento preciso en que la silenciará. El instante exacto en que sin previo aviso ni lógica alguna, bajará el tono. Sus músicos que adivinan lo que Chavela Vargas inventa en el escenario, con el único fin de atraer a su público.

Y arrancarle la corteza del alma.

Nada le da miedo. Menos presentarse en el Auditorio de la Ciudad de México. En varios escenarios ha juntado a más de diez mil personas. Lo hizo en el Zócalo, en la Alhóndiga de Guanajuato. *Y en muchos otros teatros lo habría hecho, de haber el espacio.* En Granada, por ejemplo, solo cabían unas mil personas. *Pero la gente sitió la Huerta de García Lorca y una multitud guardó silencio para escuchar* su canto. Así que yo no creo que le tema al Auditorio. Aunque fue, eso sí, un reto. A sus ochenta y ocho años, uno más

Un día le pregunté a Chavela qué es lo que sucede cuando canta; qué diablos hace para que el público llore. Las mujeres, los hombres, los niños lloran cuando escuchan su canto. Ella dice que les recuerda *la soledad del mundo. Su soledad. Pero el llanto es dulce. Un llanto de dolor suave, como el tener nostalgia de algo que nunca hemos visto. Nostalgia de una ausencia ignorada.*

Les recuerdo que aún son capaces de sentir. Que tienen tiempo de hacerlo, que pueden, que deben recordar su soledad. Y desde ahí creer, crear, llorar, maldecir, amar. Vivir. Eso les recuerdo y lloran.

Chavela Vargas me recuerda a mi ciudad. La misma dureza, igual fuerza, tristeza, intacto el dolor, idéntica la ternura, el deseo de vivir, la rabia. La rabia de saber que la muerte ha salido de su madriguera; de ver al mundo herido. A las calles, las palabras, los veranos, las miradas heridas.

El concierto del Auditorio Nacional se llamó "Gracias México". A México Chavela le *agradece la intensidad de su vida. Sus calles, sus amigos, sus sueños, sus dolores. Le agradece haber conocido a los intelectuales mexicanos de la post revolución, a las mujeres más bellas, a Trosky. El haber hecho amistad con Diego Rivera y Frida Kahlo, sus parrandas con José Alfredo Jiménez, los miles de litros de tequila que se bebió, las crudas curadas con otro tequila. El haberle dado vida a la Macorina que murió en Cuba. El haber leído Pedro Páramo. A México* Chavela Vargas *le debe la vida.*

La vida que a veces se empeña en voltearnos la cara. En esconder su verdadero rostro, en apuñalarnos la confianza que teníamos en ella. En voltear al revés las verdades. En arrojarnos encima canastadas de tristeza, sin ninguna piedad.

Chavela ha vivido *ochenta y ocho años bien vividos.* El otro día la vi rodeada de periodistas, jóvenes, la mayoría. Dio varias entrevistas, una por una. A todos los sorprendió. Les sorprendió encontrarse con una Chavela Vargas ocurrente, divertida, agresiva, dulce, directa, sana. Ausente, el cansancio de vivir. *Gozando todavía el espectáculo del mundo. Y tristeando, riendo, maldiciendo, viviendo.*

Cuando un periodista le preguntó qué mensaje le daría a los jóvenes, los invitó a *vivir intensamente lo que sienten, a ser lo que creen que son. No lo que alguien dijo que deben ser, no lo que otros quieren que sean. Vivir cada quien su propia vida.* Al escucharla pensé en la fuerza que distingue a aquellos que viven sin dejarse intimidar por la palabra de quienes traen a la muerte en la boca, como una amenaza con la que intentan encadenar a la vida. Ahorcarla en vida. *Pero aún hay quienes consiguen desatarle a tiempo el nudo en la garganta a la vida. Y aunque mueran, la dejan respirar.*

Ciudad de México, 26 de noviembre de 2007

DOS MUJERES Y OTRAS MÁS

La vida y la muerte son dos mujeres, de ellas dependo.
De nadie más. "La llorona", "La Macorina" y "Santa", tres
mujeres también, tres canciones que nacieron para ser
desmenuzadas antes de lanzarlas sobre el público.

A la vida me aventé. Así lo decidí. Estaba el sufrimiento,
las ofensas, el desprecio de los que me juzgaron, mi grita-
ron, un grito largo de años. Pero me aventé a la vida. Me les
quedaba viendo a todos los que me condenaban y pensaba...
"Cantaré el silencio del primer sonido, habitaré mi canto.
Es lo único que me permitiré hacer. Un ritual. Piel a piel,
tocaré el fondo de quienes me escuchen. Escribiré una
canción sin letra y daré el mensaje. El mensaje es la verdad.

Macorina es una mujer, es un poema y es también
una leyenda. Algunos dicen que nació en El Salvador, de
madre negra y padre chino. Los cubanos piensan que es
una guarachita muy pegajosa. Los cronistas de la
farándula juran que es una canción de rebeldía del siglo
XVII. En América Central aseguran que es un himno

guerrillero. Pero Macorina es sobre todo una de las canciones que más gustan al público de Chavela que se enamoró de María Calvo, la Macorina le decían.

Macorina del color de la hoja del tabaco. Macorina de ojos verdes, cabello lacio, Macorina la canción que tanto le gustó al Papa Juan Pablo II cuando fue a Cuba. Macorina que recorría las calles de La Habana en su convertible blanco con la radio encendida y a todo volumen para que nadie, absolutamente nadie dejara de admirarla. Macorina prohibida en la España de Franco; como Chavela, prohibida.

A la Macorina la amaban todos. Nadie que la haya conocido la ha olvidado. La idolatraban. Cuando la conocí le prometí que conmigo recorrería el mundo. Y se lo cumplí. Macorina.

La primera versión de "La Macorina" la escribió el poeta español Alfonso Camín. Después Chavela le fue cambiando las estrofas. Una a una.

> Tus senos carne de anón,
> tu boca una bendición
> de guanábana madura
> y era tu bella cintura
> la misma de aquel danzón.
> Después el amanecer
> que de mis brazos te lleva,
> y yo sin saber qué hacer
> de aquel olor a mujer,
> a mango y a caña nueva

con que me llevaste al son
caliente de aquel danzón
Ponme la mano aquí, Macorina

También es mujer la mar, una diosa. La diosa de las aguas serenas. En lengua indígena se llama Chal-chiuhtilcue. En Playa Zapote le dicen la señora de la falda plana. Las mujeres se bañan una vez a la semana en la mar. Ahí comparten sus carcajadas y se asoman al fondo, pero se cubren. Llevan una falda larga hasta los tobillos, para no mostrarle los muslos al mar. Para no desafiarla, para que sepa que no hay mujer que rivalice con ella.

De vez en cuando Chavela *comparte la mar con las pescadoras. Pero en lugar de meterse con una falda, lo hace con pantalones. Y ama la mar. Mar de día y mar de noche, mar también de luz.*

**HAY CUATRO ESPEJOS DONDE JUEGAN
TU BOCA Y LOS ECOS**

SIN DOLOR
(con Frida y Diego)

Me contó Chavela Vargas que una mañana vio *a Frida Kahlo chutarse de un solo trago un puñado de analgésicos. Chavela pensó que se intoxicaría, pero no fue así. Esa tarde escuchó a Diego contar un cuento inventado, cantar una canción de amor y reír con Frida a carcajadas. Fue esa la primera ocasión y la única en que Chavela vio a Frida sin dolor. Al menos por unas horas.*

Paso frecuentemente frente al Palacio de Bellas Artes de la Ciudad de México. Cada mañana, desde el 14 de junio pasado, un numeroso grupo de personas espera a que abran las puertas donde se exhiben más de trescientos cincuenta piezas relacionadas con la vida y obra de Frida Kahlo. En su inmensa mayoría, los visitantes son estudiantes o gente que trabaja en los alrededores de la Alameda Central. De vez en cuando, muy de vez en cuando, algún intelectual asoma. A ninguno de los asistentes parece preocuparle la "obsesión" de Frida por su tragedia, ni su "apoyo al totalitarismo", ni mucho menos les quita el sueño que no se haya muerto en el accidente de tranvía, como les sucede a varios escritores mexicanos. Y tampoco les molesta que el padre de Frida haya sido alemán. Los domingos la fila llega a ser hasta de doscientos metros. Ese día acuden sobre todo familias que juran regresar a ver completa la exposición, sin tantísimo tumulto que se forma. Y es que se les ocurrió regalar a la mera hora el boleto de entrada el domingo. Puede ir la familia completa.

A diferencia de algunos escritores, obsesionados con el éxito de Frida, los mexicanos que acuden a la exposición, abren la puerta a sus sentidos. Y en un acto de inmensa sencillez, se atreven a gozar aquello que les provoca placer. Nada más.

Le pregunté a Chavela qué pensaba sobre la comercialización que han hecho de Frida y su obra y que los intelectuales mexicanos atribuyen al todopoderoso mercado gringo. Me respondió que *como a cualquier persona sensible, le molesta que se apoderen de la imagen de Frida para hacer negocio. Pero le ve la parte positiva: A Frida la conoce todo el mundo. Y en particular los mexicanos, jóvenes y viejos, ricos y pobres, cantantes y pintores, amas de casa y taxistas. Todos tienen acceso a su vida y a su obra. Y opinan a partir de lo que sienten cuando la miran.*

Del periodo en que vivió en la Casa Azul con Frida y Diego, Chavela *recuerda el olor a medicina, la ternura, la mirada llena de sensualidad con la que Frida desarmaba por igual a hombres y mujeres. También recuerda, entre muchas otras, las visitas que María Félix le hacía a Frida. Y cómo María guapísima hacía reír a Frida a marometas. Era una experta en marometas y en hacer olvidar el dolor, cuenta Chavela* y ríe también ella la risa de antes.

La mirada de Frida, era un revoltijo de naturaleza, rabia, dolor, sensualidad y valentía. Todo junto. Todo completo, todo intenso. Tan intenso como es todo cuanto inquieta. Lo inquietante; es eso lo que Frida buscó. En ella y en los demás.

Lo que está vivo, palpita, desprende un aroma, grita, se escucha temblar.

Frida Kahlo no buscó el dolor, dice Chavela. *Con todo y su dolor encima, o por ello, buscó la vida. Arrancó desde el fondo. Desde el vacío. Desde el sitio, uno de los pocos, donde la soledad muestra las hendiduras de piel que la cubren.*

A los que critican su fama, les duele el éxito ajeno. No saben soñar, les obsesiona el dolor que no sienten, lanza el comentario estilo la Vargas y calla.

Frida nunca pintó sus sueños, pintó su realidad, ella misma lo dijo y lo escribió. A Chavela Vargas nunca le contó lo que soñaba, *porque a Frida no le gustaba recordar en voz alta sus sueños. Chavela siempre pensó que los sueños de Frida venían de un lugar más allá de la muerte. Y quiso conservarlos, aunque le provocaran tristeza.*

Frida Kahlo se arrancaba la tristeza con la presencia de Diego. Y en ocasiones también con la de Chavela. *Diego y Frida le enseñaban a Chavela a cantar las canciones que Diego aprendió en la cárcel. Y luego las cantaba para ambos.* "Paloma Negra" *era una de sus predilectas. Cuando cantaban los tres juntos "Paloma Negra", los fantasmas de la Casa Azul los mandaban callar. Y ellos volvían a cantarla y reían hasta que Frida pedía otra vez una jarra de agua y los calmantes que el doctor le recetaba, pero que nunca le quitaban el dolor. Hasta que una mañana se chutó un puñado.*

Chavela se pone a recordar aquellos tiempos. *Y reconoce la escuela que la Casa Azul fue para ella. Ahí aprendió a no espantarse de nada.* Si todavía viviera Frida, le pregunté a Chavela, ¿qué crees que estaría haciendo? *Estaría asombrada pensando en la cantidad de imbéciles que hay hoy en el mundo*, me respondió Chavela sin dudarlo un segundo.

Ciudad de México, 2 de julio 2007

AMIGOS Y CUATES

Tiene *un montón de premios y reconocimientos de todo el mundo*. De la condecoración que más platica es de la Gran Cruz de la Orden de Isabel la Católica, concedida por un Real Decreto que se aprobó en el Consejo de Ministros del gobierno español. Le hace sentirse *orgullosa, digna, querida*. Lo obtuvo en noviembre del 2001, cuando tenía ochenta y un años. Ese día Chavela Vargas estaba radiante, *rodeada de sus amigos del alma: Pedro Almodóvar, la cantante y amiga cercanísima de Chavela, Martirio, Marisa Paredes, Isabel Presley, Rosario Flores, Elena Benarroch, Lina Morgan y otros más que la acompañaron a La Moncloa a pesar de que muchos de ellos no simpatizaban nada con el entonces presidente José María Aznar. Ni modo, por Chavela sus amigos hacen lo que haga falta.*

Cantamos a capela, todos como locos, rompimos el protocolo. Nos daba igual el formalismo de La Moncloa. Canté "Volver, volver" 'a capella', y los invitados corearon. Di las gracias a España porque la siento como la madre que nunca tuve y quise tener. Y creo que España se juntó con el gran padre que es México. Por eso lo amo tanto y cuando lo pienso así, no quiero morir. Quiero volver, volver, volver a España.

La Gran Cruz, la máxima condecoración que concede el gobierno español.

Y esa *no fue la única ocasión en la que tuvieron que darle la mano y sonreírle al presidente, quien por cierto es un gran admirador* de Chavela, *como su esposa* quien solía visitarla en la Residencia de Estudiantes. *La invitaba al bar y pedía dos whiskies.*

Yo no tomo, aclaró una, dos veces hasta que se cansó, y es que Ana Botella se chutaba un primer whisky y dejaba el vaso vacío en el lugar de Chavela que no puso ni medio pero. Total todos aquí ya saben que no tomo.

La segunda ocasión en que tuvieron que alzar la sonrisa frente a Aznar fue en una fiesta que organizó para ella, porque un miembro de su gabinete coincidió con Chavela en un tren que viajaba de Sevilla, donde ella actuó la noche anterior, a Madrid. *Estaba rendida y apenas lo volteó a ver y menos respondió a los saludos, las sonrisas y a los dedos voladores. Dormitaba. Chavela solo quería estar a gusto con su soledad.*

Al día siguiente los amigos de Chavela *recibieron una invitación para cenar en La Moncloa. Almodóvar, Joaquín Sabina, Marisa Paredes, Martirio otra vez, Miguel Bosé.* Aznar había sido informado que Chavela estaba triste y decidió hacer una fiesta para ella con sus grandes amigos, todos ellos simpatizantes y/o colaboradores del

Partido Socialista, el principal contrincante de Aznar y los suyos. *Así es la vida.*

Cuando se enteró de que este año le concederán el Grammy por los "Logros de toda una vida", se alegró. *Lo primero que pensó fue en que sus amigos españoles seguramente irían a la ceremonia ya que Miguel Bosé está entre los favoritos* del Grammy Latino. Y en *la divertida que se daría en Las Vegas, sede de los premios, jugando a jugar.* Suena extraño que no la hayan mencionado siquiera en ninguna de las versiones anteriores del Grammy. Será que Chavela no tiene empresa disquera que haya manifestado su interés en los premios. Y es que *en el tema de los discos,* a Chavela *siempre le ha ido muy mal. No que no venda. Está lleno de discos* de Chavela *en cualquier tienda del mundo.* Pero ella *no recibe un peso. Solamente de los que consiguió grabar en España, pero muy poco, pues los derechos se vendieron a una empresa disquera grande que le concede bajas regalías cuando utilizan alguno de ellos en una película o programa especial. Antes le daba rabia pensar en que siguen saliendo sus discos sin ganancia alguna para ella. Incluso en muchos de ellos la han puesto a cantar con gente con la que jamás ha cantado. Con la Rondalla de Saltillo, por ejemplo, o con Cuco Sánchez.*

Siente raro pensarse cantando con Cuco a quien por supuesto conoció, pero con quien nunca cantó y menos grabó un disco. Alguna vez compartieron centro nocturno, pero cada quien tenía su espectáculo. Dice que con Cuco no cantó ni en borracheras, a Cuco no le gustaban las borracheras. No tomaba ni una copa, me contó un día Chavela.

Ni parrandeaba. Quién sabe cómo se inspiraba para escribir aquellas canciones de ardido y borracho perdido que lo hicieron tan famoso.

Si se anima a viajar a Las Vegas a recibir el Grammy se va a divertir. A sus ochenta y ocho años se divierte. Se muere de la risa, es ocurrente. Chavela Vargas es de esas personas que viven con el gusto de vivir en la mirada. Ha vivido intensamente y no se arrepiente de nada. Ni siquiera de las borracheras que se ponía a cada rato, ni del montón de huesos que se quebró por manejar bien tomada. Ni de los amores que ha tenido o ha dejado de tener.

No se arrepiente de haber sido amiga de teporochos, prostitutas, albañiles, travestis. De nada. Ella es como es, precisamente por todo lo que ha ido acumulando en el camino. Y es eso lo que su público mira en el escenario. Más que su voz, más que la letra de las canciones que canta, más que sus jorongos de telar de cintura, más que sus brazos abiertos. Ven toda su vida y la sienten. Es esa la magia que se ejerce cuando Chavela Vargas está en el escenario. Pero no nada más en el escenario.

Lo mismo ocurre cuando anda en la calle. La gente que se le acerca no la felicita, le da las gracias. Gracias, le dicen, por ser así. Gracias por estar viva. Gracias, repiten, muchas gracias y luego le piden permiso para fotografiarse con ella. Una foto Chavela, aunque sea con el teléfono celular, nadie me lo va a creer, le dicen. Algunos le piden un autógrafo. He visto gente que llora cuando la ve. Había visto mucha que llora cuando la escucha cantar. Jóvenes incluso. Pero últimamente la gente que la mira en la calle también llora. Un día un señor le pidió su bendición. *Otro le dijo que quería tocarle el rostro. Como si fuera una especie de diosa. O una chamana. Una chamana que cura con la voz y la mirada.*

En una ocasión Pedro Almodóvar fue a Tepoztlán a conocer al cerro Chalchihuitle Chavela le había contado que *el cerro abrirá sus puertas cuando llegue el próximo Apocalipsis y solo se salvarán los que acierten a entrar en su seno. El cerro con el que Chavela convive todos los días. Y en las noches de luna.*

Fuimos a comer a un restorán del centro que ella *adora por sus chapulines en tostada con guacamole y por el fideo seco.* Durante la comida y al salir del restorán los tepoztecos y turistas rodearon insistentemente a Chavela, *una foto por favor señora, permita que le bese yo la mano, es usted una diosa, chamana de mi corazón.*

—Es la primera ocasión que estoy en algún lugar público y nadie me voltea a ver. *Eso dijo Pedro, más bien satisfecho de su libertad.*

A ella la tranquiliza que le digan cosas. Le divierte divertirse. Le gusta ver que la gente lo haga. *Cuando está en algún sitio donde la gente toma, se incorpora a la plática. Le fascina ver cómo se le van subiendo poco a poco los tequilas a los otros.*

Otro premio que le enorgullece es la Medalla de Oro que le otorgó la Universidad Complutense de Madrid. Ése sí que es un premio de sabios, dijo un día, *antes de que se lo entregaran. Y sí, lo es.*

Ciudad de México, 24 de septiembre de 2007

LA JUVENTUD

En abril de 2004, Chavela Vargas fue a visitar a Las
Madres de la Plaza de Mayo en Argentina. Se volvió a
emocionar al recordar el recorrido que Taty Almeida, en
representación de las fundadoras, le dio en su local de
Buenos Aires. *Una pared cubierta de dolor*, me dijo y me
comenzó a explicar las fotografías de miles de jóvenes
argentinos, desaparecidos durante la dictadura militar y
que guarda aún en su memoria de mujer sensible.

*Habían pasado varios lustros, o décadas desde su
desaparición, pero las madres de los desaparecidos me
contaban la historia de sus hijos, como quien cuenta un
dolor nuevo, fresco, un dolor cenizo que aún no se extingue.
Las Madres de la Plaza de Mayo son la memoria de sus
hijos y de sus nietos y de los que aún faltan por desaparecer.
Ellas serán su ejemplo.*

Cuatro años después de su viaje a Argentina, Chavela
me lo platicó a mí con las palabras limpias que
pronuncia la gente que nunca olvida. Y Chavela Vargas

no olvida, pero tampoco entiende. Me pide que le explique *qué diablos está sucediendo en el mundo. Qué pasa en México, qué ha pasado que nos ha cambiado tanto.* Apenas comenzamos a hablar y desató su voz demandando la respuesta inmediata de una y otra pregunta. *Ha estado muy atenta,* según me confesó, *de los acontecimientos de las últimas semanas. Por eso se acordó de Las Madres de la Plaza de Mayo y de sus hijos asesinados.* Después me preguntó si yo entiendo *por qué todo mundo se empeña en cuestionar a los jóvenes mexicanos que se encontraban en un campamento de las FARC, en Ecuador, al momento en que la fuerzas colombianas lo atacaron y las razones por las cuales quieren golpear las voces de otros jóvenes en el mundo, la voz de las mujeres también.*

¿Y tú que piensas?, le pregunté. *Que son jóvenes. Que están buscando respuestas. Que están buscando razones. Una, tan sólo una razón para seguir creyendo que el mundo puede ser mejor, más humano, más digno, más sabio. Un mundo que los entienda y al cual ellos puedan entender.* Le hago otra pregunta que tarda en responder. Permanece un buen rato en silencio. La mirada clavada en la memoria. La memoria de una mujer que está a punto de cumplir ochenta y nueve años y que lleva todavía la vida envuelta en las manos, como una ola al centro de un jardín.

—Chavela, insisto ¿y tú de joven qué buscabas?

—*Respirar, vivir, sentir. Buscaba un sitio donde ser Chavela Vargas, un rincón, un amor, un puñado de amigos, una canción. Buscaba la verdad. El amor que no*

tuve de niña, la seguridad que quisieron arrancarme, la
verdad, te repito, buscaba la verdad.

—Y la encontraste, Chavela, la encontraste.

—*Encontré a México. Y lo hice mío. Por eso me duele*
México. Por eso no entiendo que México no defienda a
ciegas a los suyos. Que no salga a gritarle al mundo que es
un dolor terrible el que hayan matado a esos chamacos que
compartían un sueño con otros jóvenes colombianos. Que
es una injusticia, que es un horror. No entiendo por qué
quieren someter a una investigación a sus cuerpos de
jóvenes, a su recuerdo de muchachos inquietos, impacien-
tes, expectantes, insatisfechos, no es pecado buscar, no es
terrorista el que busca.

Chavela vuelve otra vez a su encierro. Hace una
pausa larga. Intento cambiar el tema, pero sigue sin
responder. Parece estar triste, su mirada sin sus lentes
oscuros, desciende y rasga el tiempo. Cuando regresa,
recuerda los tiempos en que México apoyaba las luchas
sociales de los países de Sudamérica, como Argentina y
Chile y las de América Central. Algo tiene en la memoria
sobre el caso de una mexicana que fue violada, torturada
y asesinada en El Salvador en 1989. De algo se acuerda,
pero no tiene muy claro el caso, se le borra la imagen. Y
ahora soy yo la que le cuento.

Se llamaba Alejandra Bravo Betancourt y era
estudiante de medicina. Como todos los estudiantes de
su generación en México, estaba informada de lo que
sucedía en América Central. La Nicaragua sandinista
atacada por la Contra desde territorio vecino, Guatema-

la de la tierra arrasada, y en El Salvador, una guerrilla, dirigida por jóvenes estudiantes en su mayoría universitarios, dibujaba una sonrisa al horror.

A Alejandra la ametrallaron a corta distancia. Pero antes le fracturaron los huesos, le cortaron con navaja los senos, las piernas y el cuello. Antes la violaron, una, dos, seis veces. La embajada de México en San Salvador hizo lo que tenía que hacer. En medio de la guerra, denunció, exigió, acudió al sitio de los hechos. Y en ningún momento, que yo recuerde, se cuestionó el hecho de que Alejandra Bravo, pasante de medicina, era o no terrorista, a pesar de haber estado en un hospital de campaña que atendía lo mismo a soldados que a guerrilleros. México envió una nota de protesta al gobierno de El Salvador.

Cuando terminé de contárselo, Chavela se quitó los lentes oscuros y sin cerrar los ojos, miró hacia adentro. No sé si lloró. Ya no conseguí ver su mirada. Ni le pude sacar una sola palabra. Ni una sonrisa, ni un movimiento nuevo en su jardín.

Antes de partir a casa, atiné a decirle: en El Salvador "La Macorina" fue un himno para los guerrilleros. Por la noche me llamó por teléfono. Hablamos de su jardín.

Ciudad de México, marzo 17 de 2008

AHUATEPEC

Tendría unos siete años cuando la llevaron a conocer a los muertos del pueblo. Le enseñaron uno a uno los sepulcros del viejo cementerio. Aquí yace Petronilo Flores, el primero en pilotear una avioneta; acá Miguel, el dueño de la carpintería; más allá Doña Gertrudis, la solterona. Una tal Eduviges fue enterrada junto a sus dos hijos que murieron, igual que ella, el día de la tormenta. Al otro lado está la tumba de Macedonio el albañil que pereció atropellado. Fue él quien llevó el pulque a Ahuatepec, un pueblo que por estar tan cerca de Cuernavaca se fue llenando de residencias enormes, habitadas solamente los fines de semana por familias que viven, de lunes a viernes, en la Ciudad de México. Chavela Vargas vivió ahí durante años.

La familia de Natalí nunca quiso vender su casa, ni el terrenito donde todavía hoy conviven patos, guajolotes y borregos con alguno que otro perro. Ahí crecieron Natalí y sus tres hermanos, a quienes de niños los llevaban de tanto en tanto al cementerio para que no olvidaran que Eduviges, Miguel, Gertrudis, Macedonio, Doloritas y una hilera más de muertos fueron quienes comenzaron a construir el pueblo, apenas abrieron la vereda que va de Tepoztlán a Cuernavaca. Le levantaron la orilla al camino.

Natalí suelta una carcajada cuando me cuenta sus paseos entre muertos. Acabó siendo una costumbre lo que comenzó como un arma contra el olvido. Se aprendió de memoria la leyenda de cada sepulcro. Quién está al lado de quién, en qué calle vivía, en qué cantina, cuántas palizas le dio su marido, con cuántos besos enamoró a las muchachas del pueblo vecino. Un día le dio por indagar la historia de aquellos muertos de quienes nunca nadie dijo nada, los muertos anónimos. Y comenzó a darle vida al pasado de sus muertos. Se volvió una experta en construir identidades. Por eso nunca ha padecido el dolor de ser una extraña en su pueblo, la pena de no pertenecer. A pesar del cambio brutal de las calles, las personas, la forma de mirarse sin mirar. A pesar de que ya no queda nadie de los que estaban cuando nació, nunca le duele la soledad, aunque se encuentre sola.

Me dolería la ausencia, confiesa cuando le pregunto. *Y aclara: la soledad, como el silencio, no es ausencia.* En algún lado he leído esa frase, pienso, y la anoto.

La primera vez que la llevaron a ver a los muertos del pueblo iba de la mano de Chavela Vargas. Fue ella quien le fue deletreando la vida de cada muerto. Quien leyó en voz alta la leyenda inscrita sobre cada lápida. Quien le dijo una y otra vez que no olvidara, que se grabara en su cabezota lo que le estaba contando. Que nunca escapara, que jamás se arrancara de la piel la historia de los suyos. Su historia. Que si alguna vez llegaba a hacerlo, le advirtió, le caería encima la locura.

Chavela escuchó atenta el relato de Natalí. Ante ciertas frases reía, ante otras tarareaba una tonada antigua, como quien se empeña en recordar un sitio, una iglesia, un rostro, un paisaje, cualquier cosa que surja del pasado, antes de que todo desaparezca. Escuchó atenta el relato de Natalí, atenta y orgullosa de escuchar a quien, según ella misma asegura, le heredó las ganas de no dejarse ningunear por nadie. Por eso cuando Natalí tenía once años la metió a clase de karate, Y resultó ser excelente alumna, tanto que los triates que vivían en la misma cerrada que Chavela tuvieron que inscribirse también a la escuela de karate. Para defenderse de Natalí, la chiquilla que Chavela Vargas crió como si fuera una hija. *Una chiquilla con espíritu retador*, la describe Chavela, y canta una canción sobre un ser desconocido.

Natalí trabaja en la fábrica de cartuchos Remington. Desde hace ya casi un año, los sábados los dedica íntegros a un curso de formación de bomberos. Será la primera bombera del pueblo. Desde que comenzó el curso ha perdido dieciocho kilos, lo dice con orgullo. Marta, su mamá, nada más para que Natalí se sienta acompañada, ha adelgazado cinco. Se va corriendo a

Ahuatepec, en lugar de tomar el autobús. Corriendo como antes lo hacía Natalí y sus hermanos detrás de Chavela. Llegaba a las dos, tres de la mañana de *El Hábito*, en Coyoacán, donde cantaba los fines de semana por la noche. Dice Natalí que si dormía tres horas, eran muchas. Se levantaba a las seis, cruzaba la puerta de la casa de Marta y despertaba a los niños a gritos. Se los llevaba a correr a Tepoztlán, a treparse al cerro. "¡A ver quién llega primero a la pirámide!", retaba. Y después, ya con Chavela al volante, se iban todos a Tequesquitengo a subirse al aeroplano del hijo de Petronilo Flores. *Para que nunca sepan qué es el miedo*, les decía Chavela.

Un día quiso saltar en paracaídas con Natalí, pero no le dio la estatura a la niña. Le faltaban diez centímetros y por más que Chavela le rogó al hijo de Petronilo Flores que por favor la dejara, por favor, se tuvo que tirar sola. "Chin", dice Natalí, quien se quedó con tantas ganas que hasta la fecha sueña con que vuela con alas de mariposa.

Las alas de mariposa, comenta Chavela, *son las que te salvan de morir, cuando la muerte se acerca a destiempo.*

Una vez sintió cómo levantaron su cuerpo, que se iba. Chavela le preguntó: ¿le tienes miedo a la muerte? *Y me responde que sólo a quien la vida le da miedo teme morir.* Cuando la escuché me acordé de que justo ese mismo sábado se conmemoraban los diez años de la muerte de Octavio Paz, quien tampoco le temió a la vida ni a la muerte. Y quise saber si a los ochenta y nueve años aún se conserva la esperanza. *Tú dime*, reviró Chavela la pregunta. Contesté con la palabra del Octavio Paz recién llegado de la España en guerra, cuando se descubrió otro en él:

"Quien ha visto la esperanza, no la olvida, la busca bajo todos los cielos y en todos los hombres. Y sueña que un día va a encontrarla de nuevo, no sabe dónde, acaso entre los suyos".

Acaso, acaso, murmura Chavela abrazando a Natalí.

Ahuatepec, Morelos, 20 de abril de 2008

POR EL SILENCIO OSCURO DE TU FRENTE

GRITO DE PIEDRA

Cuando siento que lo necesito visito a mi chamán. Una vez quiso nombrarme chamana, pero no, yo por el momento lo que quiero es aprender, no enseñar.

Pero en 1991 fui chamana en la Patagonia, cuando el loco de Werner Herzog me invitó a participar en una película que dirigió. Me buscó casa por casa hasta que dio conmigo, muy simpático el alemán. Se llama Grito de Piedra. Le atinaron con el nombre, porque las piedras de la Patagonia son de roca volcánica y gritan.

"Las piedras rojas del cerro Chaltén, traen sangre, traen desgracias", me lo advirtió una indígena de por allá. Hablé con Herzog y le dije, "esta montaña es sagrada, por eso cada vez que comenzamos a grabar cae el montón de nieve; no podemos comenzar sin pedir su autorización", pero no hizo caso, pensó que era una de mis ocurrencias. Y como ya estaba de muy mal humor me tildó de insensata, ignorante, yo no creo en brujerías Chavela, ¿qué no entiendes? Lo que él no entendía es que la naturaleza reacciona con violencia

cuando la lesionan, le clavan vigas de fierro o le ven la cara de pendeja.

Dejaba de nevar y al día siguiente, en la primera escena, ¡Corte!, gritaba furioso Herzog. Un día, otro y otro. No podíamos ni hablar entre nosotros, porque se nos llenaba la boca de nieve. "Le tenemos que pedir permiso, la vamos a lastimar", le volví a decir atascada de nieve, "es eso o irnos". No tuvo de otra que hacerme caso.

Chaltén, la montaña que humea, nos escuchó. La indígena y yo organizamos la ceremonia. Encendimos antorchas, quemamos hojas, hierbas y sobre todo, le pedimos perdón por haberla ignorado, por estar ahí sin su consentimiento. También cantamos, cada una en su lengua, ella en tehuelche y yo en mexicano. "Te pedimos por favor que nos perdones por perturbar tu paz, por clavar grúas en las piedras, perdón Chaltén por no respetar tu fuerza, tu energía, tu espacio". Se lo pedí de mujer a mujer. Fue cuando se dio el milagro. El cielo se abrió y Werner Herzog comenzó a grabar la película en la que yo tuve el papel de chamana.

A Herzog le cambió el humor. No volvió a gritar ni a decir "yo no creo en brujerías", estaría loco. Se volvió muy afectuoso conmigo, me daba masaje en las manos para que se me quitara el frío.

Como cinco años después volvió a México. Dijo que la película fue su homenaje a mí, a la Vargas. ¿Por qué?, le preguntaron y respondió que porque le gusta mucho la verdad. Sé que desde entonces también le gustan las chamanas, aunque no lo dice.

URGENCIA DE CREER

Chavela Vargas lleva a donde quiera que va los aprendizajes y pesares de sus 85 años de una vida intensa y apasionante. Su voz es inconfundible y honda, tanto como la actitud valiente y sabia que asume con la naturalidad y sencillez de una gran y única artista. Quizá la mejor de su género.

A principios de julio pasado regresó a su casa de Veracruz donde vive rodeada de gente sencilla, la mayoría pescadores, después de estar unos dos meses en España. No paró. Comenzó en el Teatro Albéniz de Madrid y recorrió de punta a punta el país: Madrid, Jerez de la Frontera, Almería, Gijón, Torrevieja, Granada, Cádiz, Barcelona y Castellón. De paso se dio una vuelta por Toulouse para participar en el Festival Río Loco de música popular y tradicional, que este año se dedicó a México. En una pausa de su intensa gira concedió una entrevista a *Babab.com*, en la que además de desplegar lo más sublime de su alma, accedió a ser socia de honor de esta publicación.

El repertorio lo variaba poco, pero en cada escenario su canto fue diferente. Es uno de los dones de Chavela Vargas. Ser diferente. No importa si siempre canta "La Llorona", porque nunca es la misma Llorona. Algunas veces domina más un tono que otro o le da más fuerza a los silencios. Otras veces la declama casi, la susurra. Según se lo dicte —me explica— un ser que la habita. Alguien que se apodera de ella. Un dios, un duende, su tristeza.

BABAB: ¿Qué siente Chavela Vargas cuando canta?

CHAVELA VARGAS: *Al entrar al escenario siento miedo. Pero algo encuentro o algo me encuentra a mí. Antes de terminar la primera canción ya estoy en otro lado. Del lado de mi público. No sé explicarlo, no quiero hacerlo. Solo puedo decirte que alguien se apodera de mi voz y canta. Cantamos juntos frente a esos auditorios repletos de gente que me ama, que me grita que soy la mejor y que me da las gracias.*

B: Pero que también llora. Todo el mundo llora en tus conciertos.

CH: *Sí, pero es un llanto dulce.*

B: De acuerdo, es un llanto dulce, pero ¿qué lo desata?

CH: *Cuando yo canto los que me escuchan sienten. Y lloran porque se dan cuenta de que todavía son capaces de sentir. A pesar de los males del mundo. Sienten gozo, tris-*

teza, nostalgia. Reciben lo que yo les quiero decir y de alguna forma, a su manera, lo entienden.

B: ¿Qué intentas decir?

CH: *Que el mundo puede ser mejor de lo que es. Que hay que saber sentir, que hay que saber luchar para ganarse el respeto de otros y respetar a esos otros. Que hay que cuidar al mundo, proteger el amor, la paz, la justicia. Yo no soy política, ni militante de nada. El canto es mi instrumento. Y lo digo cantando.*

B: ¿Aunque ese mensaje no esté escrito en la letra de las canciones que cantas?

CH: *Por supuesto. Uno puede cantar "La Macorina", "Y volver, volver", o "Vámonos", que son tres canciones con temas diferentes, pero que al cantarlas de un modo transmiten ese mensaje, ese grito que a veces es de rabia o de dolor, pero que también es un grito de esperanza. Para creer, hay que sentir la necesidad de creer.*

B: ¿En qué cree Chavela Vargas?

CH: *En la vida, en la verdad, en Federico García Lorca.*

B: La otra tarde me contaste que cuando estás en la Residencia de Estudiantes de Madrid, sientes la presencia de García Lorca…

CH: *No nada más la siento, hablo con él. En mis noches de insomnio salgo al pasillo y lo escucho tocar el piano. Luego platicamos. Le cuento sobre mis conciertos, sobre México, sobre España. Y a veces nos reímos.*

B: En el concierto de la Huerta de San Vicente, en Granada, lo llamaste. Frente a todo el público lo invitaste a estar presente.

CH: *No, ¡si presente ya estaba! Federico está siempre. En su huerta de Granada, en la Residencia de Estudiantes, o donde haya una alma que así lo desea. Una alma sensible basta.*

B: También has invitado a José Alfredo Jiménez a algunos de tus conciertos. Recuerdo por ejemplo, tu presentación en el Festival Internacional Cervantino de Guanajuato el año pasado.

CH: *José Alfredo me acompaña siempre. Ni él ni Federico han muerto, nada más se fueron antes. El alma de poeta y parrandero de José Alfredo está en mí.*

B: ¿Echas de menos aquellos tiempos de parrandas?

CH: *Esos tiempos son parte de mí, parte de lo que hoy soy. Fueron días de mucha pachanga, de momentos divinos. ¿Te imaginas cómo era cuando nos juntábamos José Alfredo, Álvaro Carrillo y yo y después de horas de tequilas nacía una canción sobre la barra de una cantina? Así se escribieron muchas canciones, verdaderos poemas. Sobre la barra de una cantina. Fue una época intensa, viva. Pero al cabo del tiempo, también muy dura. Hasta que se me apareció un día el diablo.*

B: *O me llevas ahorita mismo o me quedo muchos años más en esta vida*, le dijo Chavela al diablo. Lo retó y ganó la partida. Desde entonces se ha presentado en los teatros de mayor prestigio en no pocas ciudades del mundo. A foro lleno, siempre. Pero cuando está en España no solo está rodeada de sus seguidores. Tiene decenas de amigos e igual número de anécdotas. Le pido que me cuente algunas.

CH: *A Pedro le encanta llorar en mis conciertos, se emociona. A Joaquín Sabina le gusta escuchar también mis historias. Todos me respetan, siguen mis conciertos, me atienden. Me invitan a comer, a cenar, a sus casas. De Manuel Arroyo lo que más me gusta es su manera de ser buen amigo. Es único.*

B: Cuando el presidente Aznar te impuso la Gran Cruz de Isabel la Católica, estuvieron todos ellos y también Isabel Presley, Miguel Bosé, Marisa Paredes, Isabel Benarroch y muchos otros amigos tuyos.

CH: *Sí, pero no solo ellos son mis amigos. En la Residencia de Estudiantes de Madrid tengo un montón de amigos jóvenes. Las muchachitas que atienden en la recepción, las que están en la cocina, las que arreglan los cuartos, los que abren la puerta y los estudiantes. Muchas tardes platico con ellos, respondo a sus preguntas, bromeamos. El otro día un poeta jovencito me regaló su primer libro de poesía. En la dedicatoria me pedía, por favor, que no muriera.*

B: También Manuel Vázquez Montalbán era tu amigo. Y él también te regaló uno de sus libros.

CH: *Sí. A Vázquez Montalbán le encantaba "La Macorina". En la dedicatoria del libro me pidió que cuando nos encontráramos en el trastero del mundo le explicara qué hice de aquél olor a mujer, a mango y a caña nueva.*

B: Allá te ha de estar esperando.

CH: *Seguro. Para que responda a sus preguntas y para que le cante otra vez Macorina.*

B: ¿Quién es La Macorina? ¿Una leyenda? ¿Un poema, o una mujer de carne y hueso?

CH: *Fue la mujer más bella de Cuba, pero también es un poema y una canción, caliente como un danzón. Ponme la mano aquí Macorina, Ponme la mano aquí.*

Una canción de carne y hueso que Chavela Vargas canta siempre diferente, pero con la misma intensidad. Le da igual que sea en el Palacio de Bellas Artes de México, en el Carnegie Hall de Nueva York, en el Olimpia de París, en el Palau de Barcelona o en el de Valencia, en el Gran Rex de Buenos Aires, en el patio de la Residencia de Estudiantes o en un bar de Coyoacán. A todos los escenarios Chavela Vargas llega con sus dos guitarras, con su jorongo y con su urgencia de cantar. Urgencia también de creer, de sentir, de contagiar.

Entrevista, revista *BABAB*
Verano de 2004
Residencia de Estudiantes, Madrid, junio de 2004

CON LA SABIDURÍA EN LOS LABIOS

Infancia

- Cuando uno es niño, la mirada de la soledad es fría.
- Nací cantando una canción que cuenta la historia de una niña triste que nació cantando.
- No hay dolor más profundo que el del rechazo, la exclusión, el desamparo.
- La mitad del precio de todo lo que tuve que pagar lo di en la infancia.

Música

- Cuando el mundo tiembla, cuando llora, cuando parece que se va a caer, venimos los cantantes y los artistas a sostenerlo.
- La música me protege, me abraza y me da aliento.
- No hay canción que valga si no tiene en su interior poesía.
- Cantando digo la verdad, mi verdad.
- No soy política ni militante, mi lucha la doy cantando.
- La música no tiene frontera, sexo, edad; es o no es y punto.
- En lugar de cañones, violines; en lugar de balas, una voz en la noche que cante "La Llorona".
- La música es música cuando te toca el alma.
- Cuando me escuchan cantar, se dan cuenta de que todavía son capaces de sentir, y lloran.

México

- Creí en México sin conocerlo.
- México es la palabra divina, la palabra mágica, la palabra sabia.
- Yo estaba enamorada de México desde que nací, por esa magia, por esa cosa rara que te desconcierta, te enamora, su música, su olor, México tiene un olor que se te mete en las entrañas.
- Coyoacán y "La llorona" van de mi mano, como Frida.
- Los mexicanos nacemos donde nos da la rechingada gana

Libertad

- Casi nadie soporta a un ser libre.
- Les dejo como herencia mi libertad.
- Libertad es soledad. Libertad es pobreza.

Dolor

- Entre más desbaratada estoy, reacciono con una fuerza brutal, sin una lágrima.

Amor

- El amor es un invento de una noche de borrachera.
- El ser humano si ama, ya no es libre.
- Amo a los que me quieren, no por lo que soy, sino por como soy.

Amistad

- Todo el oro del mundo no lo cambio por un amigo

Vejez y muerte

- He vivido tanto que todo lo tuve y nada me lo quedé.
- El tiempo se va, se escurre de las manos, del alma, del cuerpo.
- La muerte es lo más hermoso del mundo, como una bailaora de flamenco peluda y morena y además agresiva.
- ¿En qué quedamos pelona, me llevas o no me llevas?
- La pelona es muy amiga mía.
- La pelona me dijo un día: "una noche te voy a llamar en el escenario, te voy a pedir un autógrafo y me lo firmas con tu vida".

Soledad y Locura

- La soledad, si uno se deja, se convierte en locura.
- La soledad es el costo de la libertad.
- Hay locos buenos y locos malos, yo tengo de los dos.
- Me llamarán loca cuando termine el mundo.

Tequila

- El tequila es el mejor invento del hombre.
- Sólo de borracho a borracho nos entendemos.

Vida

- Un día la vida me dio un beso en la frente.

España

- España y yo un día nos enamoramos.
- El duende que tienen los gitanos se confunde a veces con la locura.
- El duende es el alma que le brota al arte.

Otros

- Estar entero por dentro, ese es el arte.
- Crear es la verdad. Que no se termine nunca la verdad, eso he querido siempre.
- Si a los teatros solo se presentara gente honorable, estarían cerrados.

Costa Rica

- Mi pueblo (San Joaquín de las Flores) es un buen sitio para montar un hotel de suicidas

PLAYA OLMECA

1. El tordo ladrón

A Juana, de Playa Zapote, le gusta escucharme cantar. Apenas me oye y entra a mi casa por la parte de atrás. Nomás se queda quieta, se hace la disimulada y finge que va a ayudar en la cocina. Hasta olvida cerrar las ventanas y siempre sucede lo mismo.

— ¡Las tortillas, las tortillas!, grita despavorida, como quien ve un espanto.

Un tordo negro con una raya amarilla en el pico pasa pegadito a las ventanas de mi casa, se exhibe. Lleva en el pico un racimo de tortillas de maíz. Las tortillas de maíz, recién hechas, redonditas, las vemos volar.

Picho ladrón

Picho cabrón

El picho negro desafía a la pájara blanca que muere de amor por él, la desdichada.

2. El tiempo

Los olmecas fueron capaces de detener el tiempo. Lo dejaron labrado sobre las piedras. Piedras octagonales, o piedras nada más, silenciadas.

El triángulo labrado en una piedra que encontré en la playa se utiliza para medir el tiempo. Me apasiona pensar que así es, cada curva de la piedra encierra al triángulo. Lo simétrico horroriza.

Aquí el cielo siempre brilla. De día y de noche también brilla. Lo enciende el sitio arqueológico del lugar. Es el cielo y el mar, la luna y el sol, todo unido para dar vida, para parir y dar alimento. Para que se reproduzca todo cuanto esté en las cercanías de la Vereda Tropical.

El viento es un dios. Quetzalcóatl es el viento a quien se le dio el encargo de limpiar los caminos para que el dios del agua pudiera llegar a este mundo. Por eso cuando sopla el viento se escucha la voz de los caracoles que lleva Quetzalcóatl en el pectoral. La voz del viento que se desplaza por la espiral.

En cada caracol se reproduce la vida. Tiene la forma del útero, el primer deseo, el deseo que brota de mi desamparo.

El sonido del caracol es el sonido del alma. Nadie lo puede matar.

PERDER EL ALMA

El alcohol me dejó un dolorcito en el alma, me hizo pasar malos ratos. Conseguí salir de los infiernos y lo hice cantando, pero no fue fácil. Me costó un chingo, me desgarraba, Creí perder el alma. Morir.

Pero no me morí.

Cuando muera, a mi entierro van a ir hombres y mujeres de todos los oficios. Empresarios, zapateros, médicos, barberos, funcionarios, cantantes, chamanes, compositores, locutores, trapecistas, jaraneros, fotógrafos, arpistas, cocineras, lunáticas, taxistas, pescadoras, guitarristas, coleccionistas de iguanas y de culebras, cocineras, actrices y prostitutas con zapatos de tacón.

Una noche bebí tequila en un zapato de tacón.

Tomé años. Tomé miles de litros con José Alfredo Jiménez. Recorrimos todas las calles y los caminos sin dejar de tomar. Vino la muerte y decidió a quién de los dos se llevaba. Y yo estuve a punto de perder el alma. El alcohol es eso: *una enfermedad del alma que se remedia cuando buscas la verdad.*

Viva o muerta, si buscas la verdad reencarnas. Yo todavía no decido en qué voy a reencarnar. Aunque Pedro dice que yo no voy a reencarnar, porque ya soy la reencarnación de Chavela Vargas. Yo misma en mí.

ÍNDICE